苏轼诗词经典·永恒珍藏版

阅读大中国·诗词

人间有味是清欢

【苏轼的词与情】

西坡/著

石油工业出版社

图书在版编目（CIP）数据

人间有味是清欢：苏轼的词与情/西坡著．
北京：石油工业出版社，2012.6
（阅读大中国·诗词）
ISBN 978-7-5021-9040-8

Ⅰ. 人…
Ⅱ. 西…
Ⅲ. 苏轼（1037~1101）-宋词-诗歌欣赏
Ⅳ. I207.23

中国版本图书馆 CIP 数据核字（2012）第 079447 号

一蓑烟雨任平生

出版发行：石油工业出版社
　　　　　（北京安定门外安华里 2 区 1 号　100011）
　　　　网址：www.petropub.com
　　　　编辑部：（010）64523558　营销中心：（010）64523633
经　　销：全国新华书店
印　　刷：北京中石油彩色印刷有限责任公司

2012 年 6 月第 1 版　2019 年 6 月第 7 次印刷
710×1000 毫米　开本：1/16　印张：16.5
字数：219 千字

定价：28.80 元
（如出现印装质量问题，我社图书营销中心负责调换）
版权所有，翻印必究

有一种江海叫苏子

从苏东坡身上，能读出北宋的味道。

这是一个精致典雅的朝代、一个逞才斗巧的朝代，这是一个在沉思中追求新趣的朝代，这是一个掌握不了自己命运的朝代。东坡只能属于北宋，就像阮籍只能属于魏晋，李白只能属于盛唐。

东坡不刻意为文，而文绝千古，不刻意为人，而名重九州。他只不过"如行云流水，初无定质，但常行于所当行，常止于所不得不止，文理自然，姿态横生"。这是东坡的文章之道，亦是他的人生之道。

于散文，他是唐宋八大家之一；于诗，他站到了宋诗的最高点；于书法，他与黄庭坚、米芾、蔡襄合称北宋四大家；于绘画，他最早提出文人画概念；于词，他开创了一个全新的流派……东坡的创造力让人羡慕而惊讶。赵翼说他："天生健笔一枝，爽若哀梨，快如并剪，有必达之隐，无难显之情。"东坡自己也毫不谦虚："吾文如万斛泉源，不择地而出。在平地滔滔汩汩，虽一日千里无难。"

自成江海的他，随意施出一瓢，便能灌溉大片田园。但他最成功的作品，既不是《水调歌头（明月几时有）》，不是《赤壁赋》，也不是他画的墨竹，而是他自己——他那美丽、丰富而别有趣味的人生。

不管他本人愿不愿意，在有着浓厚"彰善瘅恶"传统的中国，一个人死后即自动成为楷模或者箭靶。史书留名是对生者的警戒，即使皇帝也要忌惮史官手中的那根笔；对死者，则是生命价值的再次体现。

东坡不幸，一生仕途坎坷，屡遭贬谪。但后人却因东坡的不幸而幸。

人间有味是清欢——苏轼的词与情

假设东坡逢圣朝，遇明主，无灾无难到公卿，生前尊显富贵，死后备极哀荣，那么世间不过多了一位能诗善词的富贵闲人，而错失的将不可估量：黄州东坡荒砺的田地里，生长着在厄运中保全自我的法门；惠州瘴气弥漫的林间，散布着从悲痛通往闲适的路径；儋州卑湿蒸溽的天地中，潜藏着"习而安之"、无失无得的人生哲学。但他没有一直倒霉，中间还走过几次运，"三入承明，四至公卿"。他的一生，像极了命运的恶作剧。但若不是这样，东坡便无法向世人演绎"宠辱不惊"的风华。

东坡应对苦难和迫害的心灵源于儒家固穷的坚毅、老庄的超越和禅宗的平常心。或许正是集中国传统文化的精髓于其放达的灵魂中，所以"一提到苏东坡，在中国总会引起人亲切敬佩的微笑"（林语堂语）。

有了放达的东坡，便有了"豪放"的苏词。"豪放"二字，似乎全然是"大江东去"的豪情与"老夫聊发少年狂"的不羁。可是翻开他的词集，会发现这种印象与真正的东坡相差太远。还是王国维的评价贴切："东坡之词旷"。

"旷"才是苏词最重要的特点。东坡的清旷之气，让本为"艳科"、"小道"的词，"一洗绮罗香泽之态，摆脱绸缪宛转之度"，使人"登高望远，举首高歌，而逸怀浩气，超然乎尘垢之外"。从此，词方可登大雅之堂。

有真性情，方有真文字。元好问说东坡词是"性情之外，不知有文字"。他就像口无遮拦的孩子，心中所想，都流入笔端。东坡一肚子不合时宜，到了词中，全成诗意。读东坡词，可以爽口，可以怡情，可以遣怀。

西坡

2012年4月

目录

离歌少年狂

烛下花前,曾醉离歌宴
——一斛珠(洛城春晚) 3

江上哀筝遣谁听
——江城子(凤凰山下) 7

十年生死两茫茫
——江城子(十年生死两茫茫) 11

佳人言语好,不愿求新巧
——南歌子·感旧(寸恨谁云短) 15

乐而不淫,是为才子
——减字木兰花(郑庄好客) 19

苏子呼朋醉

惟有朝云能识我
——殢人娇·赠朝云（白发苍颜） …… 23

故人不见，旧曲重闻
——行香子·丹阳寄述古（携手江村） …… 29

亦师亦友老仙翁
——西江月·平山堂（三过平山堂下） …… 33

竹溪花浦曾同醉
——虞美人（波声拍枕长淮晓） …… 37

诗人相得古来稀
——八声甘州·寄参寥子（有情风万里卷潮来） …… 41

悲欢共手足

二陆初来俱少年
——沁园春（孤馆灯青） …… 47

目 录

明月几时有
——水调歌头（明月几时有） …… 51

此生此夜不长好
——阳关曲·中秋作（暮云收尽） …… 55

世事一场大梦
——西江月·中秋和子由（世事一场大梦） …… 59

身如不系舟

不做世间闲客
——南歌子（日出西山雨） …… 65

亲射虎，看苏郎
——江城子·密州出猎（老夫聊发少年狂） …… 69

不忍轻别是徐州
——江城子·别徐州（天涯流落） …… 73

寂寞沙洲冷
——卜算子·黄州定慧院寓居作（缺月挂疏桐）……………………77

天涯何处无芳草
——蝶恋花·春景（花褪残红）……………………81

身如不系之舟
——千秋岁·次韵少游（岛外天边）……………………85

快哉明月夜

爱江山，不爱虚名
——行香子·过七里滩（一叶舟轻）……………………91

遥想公瑾当年
——念奴娇·赤壁怀古（大江东去）……………………95

我欲醉眠芳草
——西江月（野照弥弥浅浪）……………………99

目 录

快哉亭上快哉风
——水调歌头·快哉亭作（落日绣帘卷） …… 103

谁道人生难再少
——浣溪沙（山下兰芽短浸溪） …… 107

人间有味是清欢
——浣溪沙（细雨斜风作晓寒） …… 110

归去青山不易得
——浣溪沙（徐邈能中酒圣贤） …… 115

青山留不住

使君原是务农人
——浣溪沙·徐门石潭谢雨，道上作五首 …… 119

走遍人间，依旧却躬耕
——江城子（梦中了了醉中醒） …… 123

何处安我心

一场大梦何时觉
——永遇乐（明月如霜） 133

觉今是而昨非
——哨遍（为米折腰） 127

蜗角虚名，蝇头微利
——满庭芳（蜗角虚名） 137

长恨此身非我有
——临江仙·夜归临皋 141

又得浮生一日凉
——鹧鸪天（林断山明） 144

此心安处是吾乡
——浣溪沙·自适（倾盖相逢） 148

目 录

花雨入梦来

问书生何辱何荣
——行香子·寓意（三入承明） …… 152

水晶盐，为谁甜
——江神子（黄昏犹是雨纤纤） …… 159

不是杨花，点点是离人泪
——水龙吟·次韵章质夫杨花词 …… 162

人比橘傲
——浣溪沙·咏橘 …… 166

花前对酒不忍触
——贺新郎·夏景（乳燕飞华屋） …… 170

万重云外有征鸿
——水龙吟·雁 …… 175

一蓑烟雨任平生
——定风波（莫听穿林打叶声）

补残词，漏残梦
——洞仙歌（冰肌玉骨）

离歌少年狂

宝马金鞍,才子佳人。那三个女子虽是世人眼中苏轼生命中的点缀,但她们每一个人手中,都握着打开苏轼心锁的钥匙。远行时的牵挂,寒冬里的温暖,生死相守的伴,三人之外,不曾再有谁走进他的心里。

烛下花前，曾醉离歌宴
——一斛珠（洛城春晚）

洛城春晚。垂杨乱掩红楼半。小池轻浪纹如篆。烛下花前，曾醉离歌宴。

自惜风流云雨散。关山有限情无限。待君重见寻芳伴。为说相思，目断西楼燕。

那年那日是唐朝，那君那人是玄宗。

时唐明皇在花萼楼，恰逢外使觐见，奉献颇丰，遂命贴身太监从贡物中取珍珠一斛，悄悄给梅妃送去。一斛者，十斗也。这位尤知音律的梨园鼻祖，同时命乐府官用新声谱曲，名"一斛珠"。该词牌名由此便传了开来。

梅妃者何人？梅妃不姓梅，而姓江，名采苹，开元中被选入大唐后宫。妃淡妆明秀，慧敏能文，又性喜梅，于是唐玄宗赐名梅妃，宠爱有加。但若剧情总是如此平淡，梅妃便只是玄宗三千佳丽中的宠妃。宠妃那么多，梅妃入不得世人法眼。只不过，玄宗身边有集三千爱宠于一身的杨玉环。梅妃得宠，怎能不被杨玉环妒忌，于是她被迫迁居上阳东宫。但女人的妒忌不妨碍男人的想念。玄宗思念梅妃，在夜里灭烛召见。杨妃发觉，引起风波。之后乃有上述"一斛珠"的典故。结果如何？梅妃并不领情，珍珠乃是无情物，怎慰朝朝暮暮心？于是梅妃写诗答道："柳叶双眉久不描，残妆和泪污红绡。长门自是无梳洗，何必珍珠慰寂寥。"

这是宋人传奇小说中记载的故事，未必全真，也未必全假。苏轼这阕《一斛珠》乃是同样不真不假，却有情有意有韵味的妙品。

情之于诗词，就像茶之于水，不可或缺，但难以捉摸。诗词中的情，往往难以确指，于是就难坏了各朝各代有考据癖的索隐派。大家各执一词，各有其理，却难定于一。以这首《一斛珠》为例，有人认为苏轼是追忆旧友，有人认为是怀念新婚妻子王弗，但后者似乎更符合才子多情的动听故事。

嘉祐元年（公元1056年），二十岁的苏轼与父苏洵、弟苏辙父子三人离蜀赴京赶考。至洛阳时正当（闰）三月，暮春时节。

> 垂杨生绿，已可成阴，半掩红楼，摇曳参差。小池清浅，波纹如篆，如斯美景，谁人顾盼？
> 景动人心，瞬息万里，他年他月，烛下花前。不醉美酒醉离歌，何时执手再重说？
> 风流已散情不散，他日寻芳君为伴。此情此景谁可拟，斜阳一半西楼燕。

两年前，苏轼与乡贡进士王方之女王弗成婚，当时苏轼十八岁，王弗十六岁。这桩婚姻当然是父母之命、媒妁之言。其中包含父母的深远之虑。苏轼、苏辙兄弟两人年近二十时，家里就筹备让他们进京赶考。可赶考之前，要把婚姻大事解决。因为若是未婚进京，并且一考而中，有可能就要娶外地女子为妻。

北宋年间，京都中有未婚之女的富商，每年都眼巴巴地等着考试出榜，榜单一下，便立即向新得功名的未婚举子提亲。所以北宋京都的红喜帖，便伴着科举考试的红榜，一道热烈起来。若能娶得富商千金，本也可喜，但苏洵夫妇觉得，让儿子娶个知根知底的本地姑娘，要比迎娶个不知根底的京都小姐要好得多。于是就有了苏轼与王弗的婚姻。

每一份真挚而深沉的感情，起航点都是漫不经心的偶然，最后的结果也有可能是"老使我怨"、"不思其反"、"亦已焉哉"；也可能两个生命就此日夜厮磨、相融相合、生死难割。苏轼与王弗的爱情，无疑是后者。他们先婚姻后爱情，成就朝朝暮暮的陪伴、年年岁岁的依念、生生死死的爱恋。

王弗嫁入苏家，事舅姑"以谨肃闻"，出身书香门第，但并不以诗书自矜。"其始，未尝自言其知书也。见轼读书，则终日不去，亦不知其能通也。其后轼有所忘，君辄能记之。问其他书，则皆略知之。由是始知其敏而静。"这段文字出自苏轼多年后所作《亡妻王氏墓志铭》。

"敏而静"是苏轼给他爱妻的评价。这是一位聪慧而低调的女子，知书而不自言，但她显然很喜欢她的相公醉心读书时的模样。专注的男人最有魅力，大概古今一理。"见轼读书，终日不去"，这个简单的细节让人陶醉而感动。苏轼在读书间隙，抬眼看到凝神望着自己的妻子，和她嘴角浅浅的微笑，这是怎样的温馨？

她的内敛、贤淑自始而终，她的聪慧却日久方显。苏轼遗忘的文章书籍，她"辄能记之"，对其他书也"略知之"。"略知"应该也是谦语。苏轼至此方知这位妻子不仅秀外，而且慧中，不仅达礼，而且知书。心里当陶陶然，乐不可禁。

这位苏轼钟爱一生、牵挂一生的女子，不只是苏轼居家、读书的良伴，还是处世交友的贤内助。"轼与客言于外，君立屏间听之，退必反覆其言曰：'某人也，言辄持两端，惟子意之所向，子何用与是人言？'有来求与轼亲厚甚者，君曰：'恐不能久。其与人锐，其去人必速。'已而果然。"通过察言观色来识人辨人，这方面女人的天赋往往比男人更

人间有味是清欢——苏轼的词与情

出众。

"烛下花前,曾醉离歌宴"。洛城暮春,杨柳摇曳,草长莺飞。二十岁的苏轼览美景,思佳人,只觉"江山有限情无限"。在那万里之外的蜀国眉州,是否也有一位佳人,忽见陌头杨柳色,悔教夫婿觅封侯呢?

后世女子会说:"来生嫁给苏东坡,哪怕历尽千年的情劫。"我们不知道王弗和苏轼的缘分耗了多少前世的劫难,但王弗嫁给苏轼时,肯定没有想到自己的夫君将成为光芒万丈的人物。王弗和苏轼的故事,温馨多过浪漫,凝望多过誓言,没有感天动地,也不求感天动地。它是有人间烟火味的,就像苏轼身上的味道一样。

常有人把苏轼看做不食人间烟火的"仙人",其实是误读。苏轼其诗其词其人的可贵与可爱,在于他总是在人间寻找自在和快乐,而不追求彼岸。

江上哀筝遣谁听
——江城子（凤凰山下）

  凤凰山下雨初晴。水风清，晚霞明。一朵芙蕖，开过尚盈盈。何处飞来双白鹭，如有意，慕娉婷。
  忽闻江上弄哀筝，苦含情。遣谁听？烟敛云收，何处是湘灵。欲待曲终寻问取，人不见，数峰青。

  熙宁四年（公元1071年）苏轼携眷离京往杭州任通判。从此，这位潇洒多情的才子便与杭州的湖山结下了毕生难解之缘。林语堂说杭州是苏轼的第二故乡。岂止第二故乡？"数典忘祖"的苏轼，初到杭州便作诗"献媚"：

  未成小隐聊中隐，可得长闲胜暂闲。
  我本无家更安往？故乡无此好湖山。

  人与地的缘分往往是相互的。苏东坡的诗情，非杭州的画意不能尽其才；杭州的画意，非苏东坡的诗情不能极其妙。苏东坡得杭州，如鱼得水，生命再不枯燥；杭州得东坡，如水得鱼，从此有了灵魂。

  苏轼所住的公馆位于凤凰山顶，恰可俯瞰西湖。不管独自凭栏，还是携友同游，皆可尽兴。所谓一石一木都含情，一亭一寺皆成迹。漫不经意的足迹渐渐把苏东坡和杭州缠绕成一体。

是日午后，阴雨多日的天空终于放晴。阳光刺破云层将山水点亮，西湖上也渐渐多起了游船和游人。苏轼正待出门，忽见张先家的仆人叩门而入，原来是张先邀苏轼共游西湖。同去，同去！美景自当与良朋共赏。

张先，字子野，诗风清丽，尤擅填词，因"云破月来花弄影"、"浮萍破处见山影"、"无数杨花过无影"三妙句，世称"张三影"。张先年长苏轼47岁，致仕后居于杭州，此时已年过八旬，但仍精力旺盛、兴致不减，常与苏轼酬唱应答。这位老翁年过八旬仍在家中蓄养歌伎，苏轼亦曾赠诗于张先调侃："诗人老去莺莺在，公子归来燕燕忙"。

苏轼与张先等人游西湖。

掠过湖面的清风，不知不觉已被水汽浸湿，吹拂人面时便觉清凉无限。雨已歇，云未散，暮色斑斓，映出山头的五彩云影。众人绕湖而行谈笑晏晏，走走停停，在湖心的孤山凭吊完白居易后，便在孤山竹阁前的临湖亭歇下脚步。

孤山四面环水，岛上多梅花。苏轼等人谈论着白居易的掌故诗词，也没忘记随时品尝近湖远山的可餐美色。水波摇曳，舟行如梭，山色青翠，雾霭蒙蒙。谈论之声渐渐止住，仿佛每个人的魂魄都被水天一色的奇境摄了去。

众人的目光逐渐集于一只彩舟之上，它朝临湖亭翩翩驶来。近了，近了，可以看清了。那小舟华彩非常，舟上有靓装女子数人，其中一人尤为惹眼。这女子并非妙龄，看上去应该已三十多岁，但风姿绰约，仪态娴雅。

在岸上好奇的人群中，有两位客人望着彩舟早已直了眼。但这两位

江上哀筝遣谁听

刘姓客人有孝在身，举止轻浮是大忌。不过孔子说过"发乎情，止乎礼"，被美丽吸引乃人之常情，算不得轻浮。

十三四岁的女子是豆蔻年华，含苞未放，楚楚动人；二十多岁的女子，初知人事，流盼传情；三十多岁的女子呢，则像已经绽放的荷花，虽已开过，却仍盈盈翘立。当然，有的女子到了三十来岁便深居简出，全身心地相夫教子。而有的女子并不愿轻易雪藏自己的美丽，虽已过了所谓的"最佳时节"，但由于经历过的风雨化成了风韵，便显出另一番风味。

如果说这女子是一朵"开过尚盈盈"的荷花，那两位"痴心客"就是慕美而来的两只白鹭。白鹭很安静，只是默默地望着，不言不语、不动不惊。这一切都成了苏轼眼中的风景。

筝声忽然起于水面，是舟上的女子在弹。声声筝鸣尽凄婉，仿佛有无尽的心事想要诉说，在这陌生的地方，对着陌生的人，每一件心事都随着筝声传递开去。一句话都没说，可心思却一点都未保留。"知我者谓我心忧，不知我者谓我何求。"

刹那间，烟敛云收，天空像蓝玻璃一样澄澈透明。雾霭不见了，彩霞不见了，湖面上其余的船也像是有意闪开了似的，只剩下一湖清水，两只彩舟，一只在水上，一只在水下。苏轼再去看舟上的女子，只见她双手熟练地拨弄着琴弦，脸上却露出难以形容的肃穆、平静。

她不是谁家的女子，她是远道而来的湘灵。湘灵，湘水之神，是古代尧帝之女、舜帝之妃娥皇和女英的灵魂所化。舜帝死时，二妃啼哭，泪洒竹上，竹子从此斑斑点点，湘妃竹是也。哭泣之后，她们跃入湘江，为夫殉情。湘妃化为神后，每次现身都尽显哀怨。这次也没有例外。

哀怨从来不是无缘故的，哀怨的背后总是有说不尽的故事。可是过于沉重的故事却往往说不出来。所有的内容都融进了筝声。你听得出哀怨，却听不出为什么哀怨。即便你知那哀怨源自何处，可你也无从道来。

人间有味是清欢——苏轼的词与情

音乐是最好的传情方式，传情是音乐的唯一目的。出她的心，入她的筝，由你的耳，入你的心。

听音乐时人容易闭眼，当你闭上眼，你才能看见更多。闭着眼的苏轼和"双白鹭"，等着音乐停止的那一刻，去打听"湘灵"的情况。可是当他们睁开眼，却发现彩舟已逝，湘灵已远，唯青峰数座，倒影幽然。

怀恋，遗憾。可就像断臂的维纳斯并不缺少什么一样，这忽然而来又忽然而去的邂逅，本不需要有什么结果。"人不见，数峰青"，此时无声胜有声。

十年生死两茫茫
——江城子（十年生死两茫茫）

> 十年生死两茫茫。不思量，自难忘。千里孤坟，无处话凄凉。纵使相逢应不识，尘满面，鬓如霜。
>
> 夜来幽梦忽还乡。小轩窗，正梳妆。相顾无言，惟有泪千行。料得年年肠断处，明月夜，短松冈。

这首词有个副题：乙卯正月二十日夜记梦。乙卯年，也就是宋神宗熙宁八年（公元1075年），苏轼刚到密州上任。密州是一个穷僻的地方，与杭州比简直有天壤之别。苏轼又向来不善理财，他自己说："平生未尝作活计……俸入所得，随手辄尽"，是个月光族。这时又赶上官员工资下调，苏轼的生活一下子变得十分拮据。他在密州写的《杞菊赋》中说："余仕宦十有九年，家日益贫，衣食不奉，殆不如昔者。及移守胶西，意且一饱，而斋厨索然，不堪其忧。"

做了十九年官，家里一天比一天穷，俸禄又减少。到了胶西，也就是密州，连吃饱都成了奢望。为了填饱肚子，苏轼每天被迫跟同僚去古城荒废的园圃里找杞菊吃，边吃边相对苦笑。这日子过得不能不叫辛苦。

热闹的元宵节过后，苏轼内心比往常更寥落。寥落之人，最是容易做梦。

人间有味是清欢——苏轼的词与情

正月二十这天晚上，苏轼梦到了原配妻子王弗。王弗十六岁时嫁给比她大两岁的苏轼，婚后两人恩爱情深，生有一子苏迈。王弗贤惠，侍奉舅姑十分谨肃，而且每次见苏轼读书，便"终日不去"，陪伴左右。举案齐眉乃题中之意，红袖添香是礼中之情。

谁也没有料到，王弗在27岁时就年轻殂谢，不幸病逝于京师。苏轼在《亡妻王氏墓志铭》中记了一件事：父亲对他说，"妇从汝于艰难，不可忘也。他日汝必葬诸其姑之侧。"父亲告诫苏轼，糟糠之妻不可忘，还叮嘱一定要把她葬在母亲的坟墓边上。其实，这些事何须父亲叮嘱？苏轼只是以父亲之口，言心中之念而已。

这位"敏而静"的贤内助撒手西去，让苏轼觉得自己成了被遗弃在世间的孤儿，他说"余永无所依怙"，再也没有人与自己亲密无间地去面对风风雨雨。

这首《江城子》是悼亡词中名作。它几乎成了豪旷苏轼的柔情代表，但它却并不是苏轼第一次写词怀念亡妻。宋英宗治平二年（公元1065年），即王弗去世的当年，苏轼就写过一首《翻香令》：

金炉犹暖麝煤残。惜香更把宝钗翻。重闻处，馀薰在，这一番、气味胜从前。

背人偷盖小蓬山。更将沈水暗同然。且图得，氤氲久，为情深、嫌怕断头烟。

当年，苏轼在灵柩前烧香忆旧，回忆王弗生前因为爱惜薰香而翻动"宝钗"里残余未尽的香。很久之后，原来烧香的地方还有香气余存，气味甚至胜过从前。如今苏轼在殡仪时精心添香的情态，背着人偷偷盖起小蓬山模样的香炉，不过是为了氤氲的香气能持久一点。一向通达的苏轼，甚至信了"断头烟"的说法。断头香是指未燃烧完就熄灭的香，俗传以断头香供佛，来生会得与亲人离散的果报。苏轼未必全信这个说法，

十年生死两茫茫

但因为"情深",还是从了这不明不白的规矩。

十年前,死神斩断了连理枝,拆散了双飞鸟,残忍而无情。之后苏轼遵父命葬王弗于家乡眉山的祖茔。

夫妻携手共同度过了十年,而今幽明路隔又是十年。"荏苒冬春谢,寒暑忽流易",时间从来不会照顾人的感受。

人生在世就好比寄宿旅店的行人,有的人会跟自己有缘同行,但没有什么缘分是永恒不变的。下一站,说不定刚刚亲密起来的人就要分道扬镳。然而,有的东西会变,也有些东西不会变,比如记忆。

"不思量,自难忘。"真正的刻骨铭心,从来不会形诸口口声声的碎碎念,只会默默埋藏于方寸之间那块柔软之地。思念,就像潜流于地表之下的暗河,在无痕无迹中默默流淌,在风景变幻里始终如一,但一遇出口,就会喷涌而出、波浪滔滔。对苏轼来讲,今夜的梦就是出口。

假如俩人再见面,王弗还会不会认得自己?这十年,苏轼过得并不顺意,虽然文名如日中天,但在官场上却并不顺遂。就在此前,他还上书论列吕惠卿扰民之罪,但之后从京城传来消息,那些弹劾、反对吕惠卿的正义之士,接连受到惩处。苏轼不会跟王弗说这些,但王弗早已从"尘满面,鬓如霜"的苏轼身上,看到他所经历的世事沧桑。

若不是每日暗暗系念着千里之外的孤坟,今夜苏轼的魂魄也不会突然还乡。暗自"回乡"的苏轼,是不是本打算去爱妻坟前拜祭?但梦没有逻辑,他突然来到故宅,来到两个人一起居住过的地方。一切都是那么熟悉,那树,那走廊,那小窗,竟然还有在窗前梳妆打扮的她!

惊喜,是的,惊喜万分。即使知道这是梦,苏轼也感到十分满足,他要赶在梦醒之前,牢牢抓住每一分每一秒,跟妻子倾诉衷肠。他要好好问一问,这十年她过得怎样。他要仔细看一看她的模样。有太多太多的话要说,有太多太多的事要做,即使是梦,也要梦个圆满。

人间有味是清欢——苏轼的词与情

可是，那么多话，从何说起呢？或者，既然相见了，又有什么话非说不可呢？要表达什么，千行泪不够，但一个眼神足矣。

苏轼明白，梦醒后，他便要回到寂寞的生活里，把思念深埋。埋在哪儿呢？明月夜，短松冈。

悼亡诗写得最有名的，一是潘岳，一是元稹。

潘岳在丧妻之后"望庐思其人，入室想所历"，他看到的是："帏屏无仿佛，翰墨有余迹。流芳未及歇，遗挂犹在壁。"不管物是人非，还是人物皆非，都在他心中勾起忧伤。潘岳感慨道："如彼翰林鸟，双栖一朝只。如彼游川鱼，比目中路析。"

元稹则写下了那两句传唱千年的"曾经沧海难为水，除却巫山不是云"。比这句人人皆知的誓言更催泪的，是他与妻子生前共同经历的回忆：

昔日戏言身后意，今朝都到眼前来。衣裳已施行看尽，针线犹存未忍开。

尚想旧情怜婢仆，也曾因梦送钱财。诚知此恨人人有，贫贱夫妻百事哀。

苏轼与王弗同样是"贫贱夫妻"，但他们的生活倒也算欢乐。不过王弗不是才女，于是苏轼夫妇之间，便少了与李清照和赵明诚"赌书消得泼茶香"的情趣。但形式交流的缺憾并不能消解内心的默契，心心相印的两个人，不需要留下可供传诵的佳话作见证。如果需要，东坡的这个梦就是佳话。

佳人言语好,不愿求新巧
——南歌子·感旧(寸恨谁云短)

  寸恨谁云短,绵绵岂易裁。半年眉绿未曾开。明月好风闲处、是人猜。
  春雨消残冻,温风到冷灰。尊前一曲为谁哉?留取终一拍、待君来。

  元丰二年(公元 1079 年)七月,朝廷使者来到湖州"捉拿要犯"的时候,苏轼全家人都被吓得不知所措。虽然前几天已经收到苏辙送来的消息,可他们仍然无法接受一代名士转瞬间沦为阶下囚的变故。使者的蛮横态度加深了全家的不安,目击者云:"顷刻之间,拉一太守,如驱犬鸡。"

  面对哭泣不已的夫人和孩子,逐渐平静下来的苏轼笑着给他们讲了一个故事:

  宋真宗在位时,想要在林泉之间访求真正的大儒。有人向宋真宗推荐隐居在郑州的杨朴。宋真宗于是下诏,让杨朴出来做官。

  杨朴实在不情愿出仕,但皇宫侍卫非要他到京城亲自向皇帝说明。于是杨朴就在侍卫的陪伴下启程前往京师。

  在皇宫里,宋真宗问杨朴:"我听说你会作诗?"

杨朴想掩饰自己的才学，他是抵死不愿做官的，于是他回答道："臣不会。"

宋真宗又问："朋友们送你时，赠给你几首诗没有？"

杨朴回答道："没有。只有拙荆（妻子）写了一首。"

宋真宗又问："是什么诗，可以告诉我吗？"

于是杨朴把临行时妻子作的诗念了出来：

更休落魄贪酒杯，且莫猖狂爱咏诗。

今日捉将官里去，这回断送老头皮。

听完这个故事，苏夫人破涕为笑。这位夫人即苏轼的继配，是原配王弗的堂妹，王闰之。她在熙宁元年（公元1068年）嫁给苏轼。王闰之并非名门闺秀，但和王弗一样贤惠柔顺。结婚之后，她陪伴苏轼"天涯流落"，宦游各地，从来没有怨言。直到这回苏轼得罪朝廷，不知将会受何等处罚，王闰之才忍不住跟孩子一起大哭起来。

苏轼讲的故事本身并不能消除妻子心中的恐惧，但苏轼的镇静和泰然是一粒难得的定心丸。寒冷中的人，不得不互相取暖。妻子需要苏轼的宽慰，对妻子的思念也是苏轼在御史台和黄州最难熬的日子中，仅存的心灵慰藉。

开篇这首《南歌子》是元丰三年（公元1080年）二月，苏轼刚到黄州时写的。

自去年七月被捕，与妻子分别，年底获释，到今岁正月谪来黄州。这半年多来，爱妻闰之想来日日眉心紧蹙，未曾开颜。一日不见，如隔三秋，不是热恋，只因牵挂。半年，长似一生。寸心生恨，谁敢云短？绵绵无穷，岂易剪裁？明月清风是否能猜到她的心思呢？

"春雨消残冻，温风到冷灰"，自己已度过命悬一线的极寒，如春雨消冰冻，人间迎来二月的春景，冰天雪地中涤荡出一片生机。

佳人言语好,不愿求新巧

到黄州之后,东坡的政治抱负几乎丧失殆尽。他已经四十有三,力主"新法"的神宗年方三十三岁,正当壮年。已被贴上"旧党"、"攻讦新法"标签的东坡,看上去终生无出头之日。但苏轼之可爱与可贵就在于,穷途末路,他亦能打起精神,把日子过得有滋有味。更可奇的是,对待厄运,他不是漠视而是正视。如果说漠视厄运需要一份自欺欺人式的坚强,那么正视厄运并从厄运中发掘乐趣,则需要一颗火热跳动的心脏。

在这首词里,东坡就展露了他"苦中寻乐"的独特本领。面对将要来黄州与自己相聚的妻子,他没有华堂广厦,也备不起美酒佳肴,他拥有的只是戴罪之身。可他的接风礼一点都不寒碜,反是情趣无限,尽显一代才子的风流雅致:尊前之曲留一拍,且待君来,与君同奏。

三个月后,东坡的家眷才由苏辙伴送来到黄州,至此,夫妻重聚,眉绿当开,尊前之曲也该续上最后一拍了。

大难来临,仿佛天崩地裂,自己成为天地间孤零零一只等待命运判决的蚍蜉。大难过后的家庭重聚,简直就像上苍的额外眷顾。美满的家庭本就是上苍的恩赐,只是平时太习以为常。不经历寒冷,怎懂得温暖?

这年七夕节,与爱妻重逢不足两月的东坡又写了两首《菩萨蛮》:

其一
画檐初挂弯弯月。孤光未满先忧缺。遥认玉帘钩。天孙①梳洗楼。
佳人言语好。不愿求新巧。此恨固应知。愿人无别离。

其二
风回仙驭②云开扇。更阑月堕星河转。枕上梦魂惊。晓檐疏雨零。
相逢虽草草。长共天难老。终不羡人间。人间日似年。

对这对患难夫妻来说,湖州一别犹如隔世。狱中狱外就像两个世界,一头生死难测,要应对纷繁的指控,忐忑不安地等待判决,担心被连累的亲友,也担心家人;另一头茶饭难进,却只能眼巴巴望着、等着,无能为力。两头都考虑过最坏的结果,却又都不敢认真想下去。

所以重逢之后才会更珍惜,七夕节本来就不是月圆夜,东坡却"先忧缺"起来。受过惊吓的人都会有这种想法,他们看每种景物都像马上就会无缘无故消失似的。月亮缺了,他们怕再也不会圆。花儿谢了,他们怕再也不会开。

王闰之不甚通文采,但东坡觉得她"不求新巧"的言语却是世间最好听的声音。浪漫不须吟诗作对,只要情挚意切,日常的问候远胜海誓山盟。默默地握手,那熟悉的温度是最深的幸福。

注释:

①天孙:星名,织女星。《汉书·天文志》:"织女,天帝孙也。"唐朝唐彦谦《七夕》诗:"而予愿乞天孙巧,五色纫针补衮衣。"

②风回仙驭:风把太阳神坐的车吹得又倒转回来,借喻天快亮了。

乐而不淫,是为才子
——减字木兰花(郑庄好客)

郑庄好客①。容我尊前先堕帻②。落笔生风。籍籍声名不负公。

高山白早。莹骨冰肤那解老。从此南徐③。良夜清风月满湖。

乍一看,这词无甚奇特,其实它的秘密在每句的首字,连起来读:郑容落籍,高莹从良。郑容、高莹者谁?与苏轼素昧平生之歌伎也。落籍,除去伎女名籍,恢复自由民身份。从良,伎女出籍嫁人。苏轼作词是为两位幸运的伎女庆贺么?不然。

东坡这自黄州移汝州途中,经过润州。润州太守许遵为他设宴接风。官伎郑容、高莹陪侍,甚得东坡之心。两人想要从良久矣,于是请东坡向太守说情。东坡点头答应了,但他在席上却一直没提这茬。二女心急如焚,临别时赶到东坡的船上再次恳请。这时,东坡拿出这首《减字木兰花》交给她们,说:"你们拿我这首词去见太守,太守一见,便知其意。"果然,太守览词,莞尔一笑,便遂了两人落籍从良的愿望。

从东坡与歌伎交往之一斑,可见歌伎为何都爱东坡。

一个人对苏轼词的了解若仅限于"豪放",那么他翻阅苏轼词全集时定然大失所望。为什么这里总共也没几首"大江东去",反而大把大把的

人间有味是清欢——苏轼的词与情

儿女情长、春秋闺怨？

没错，这才是苏词的真相。在三百多篇《东坡乐府》中，直接题咏和间接涉及歌伎的词，多达一百八十多首。这当然遮盖不住苏轼开创豪放词的功劳，但暴露了苏轼生活的真实环境，让我们了解到苏轼一生并非一味慷慨激昂。我们也理应相信，只懂陈辩、斗争、分析的人生并非痛快滋润的人生。风花雪月中，有真谛和自由。

东坡与歌伎确有缘分，郑容、高莹的故事只是一例。而才女琴操，听他一席话，竟出家为尼，千载之后，犹令人唏嘘。

东坡任杭州知府时，琴操是红极一时的歌伎。琴操曾为东坡抚琴一首，被东坡的好友佛印称为百年难得一闻。一天，东坡携琴操游西湖，在船上，两人参起禅来。

东坡曰："何谓湖中景？"

琴操答："秋水共长天一色，落霞与孤鹜齐飞。"

东坡又问："何谓景中人？"

琴操答："裙拖六幅湘江水，鬓挽巫山一段云。"

东坡再问："何谓人中意？"

琴操答："随他杨学士，鳖杀鲍参军。"

东坡还问："如此究竟如何？"

琴操不答。

东坡曰："门前冷落车马稀，老大嫁作商人妇。"

东坡本拟劝琴操及早从良，不要重复白居易笔下琵琶女的悲剧，不料说者有心，听者更有心。琴操默然良久，答曰："谢学士，醒黄粱，世事升沉梦一场。奴也不愿苦从良，奴也不愿乐从良，从今念佛往西方。"此后琴操削去长发，在玲珑山别院修行起来。

可怜琴操伴青灯古佛没几年，便听说东坡被贬海南，思念忧惧之下，玉陨香消。琴操辞世时，正青春二十四岁。东坡闻之大恸，面壁而泣。

后来，东坡来到玲珑山琴操修行处，重葬了这位红颜知己，并自写了一方墓碑。琴操墓到南宋时，已淹没在荒草之中，乡人捡到东坡的题碑，就重修了一次。民国年间，诗人郁达夫前来寻访，又只剩下"一坡荒土，一块粗碑"，上面刻着"琴操墓"三个大字。郁达夫所见的墓碑，已非东坡所书，而是明人重修的碑碣。

诗人与歌伎之间，更多的是逢场作戏。这种人情常态却并非每个人都能理解，大儒朱熹就对女人的诱惑格外恐惧。爱国名臣胡铨十年放逐，遇赦归来后写了两行诗："君恩许归此一醉，傍有梨颊生微涡。"朱熹得知后，"诚心诚意"地写了一首"劝诫诗"：

十年江海一身轻，归对梨涡却有情。
世路无知人欲险，几人到此误平生。

一丁点的人欲引来如此郑重的"劝诫"，朱熹若与东坡生在同时，肯定会招来后者辛辣的讽刺和嘲谑。朱熹的前辈程颐、程颢就多次领教过东坡的舌箭。与"存天理，灭人欲"的理学家相反，东坡对歌伎酒筵向来是来者不拒。若遇歌伎求诗，东坡便毫不迟疑地在来者的披肩或扇子上挥毫泼墨。

东坡与歌伎交往频繁，却鲜有风流韵事。东坡在诗词中写歌伎时，也同样"乐而不淫"，他不曾像黄庭坚那样写露骨的艳诗，只是坦然随和地与她们开玩笑、畅饮和吟诗听曲。

东坡会赞美她们的色艺："皓齿发清歌，春愁入翠蛾"；他会在离去之后思念她们："想伊归去后，应似我情怀"；他也会同情她们的处境："主人嗔小。欲向东风先醉倒"。东坡从不将女人看做玩物或附属，他以文人的敏锐之眼捕捉、记录这些女子的真情实态，赞美她们的才智和

人间有味是清欢——苏轼的词与情

情操。

情多而不乱,见美而不淫,东坡就是这样的男子。世人通过东坡这支带感情的笔,可以发现有那么多"风尘"中的女子,在人们看不到的角落里倔强地美丽着。这是东坡对他们的礼赞,也是给世界的礼物。

注释:

①郑庄:西汉郑当时,字庄,陈人,以任侠名闻齐、梁间。景帝时,为太子舍人。

②堕帻(zé):落下头巾,指名士醉酒后的一种失礼行为。

③南徐:即润州。

惟有朝云能识我
——殢人娇·赠朝云（白发苍颜）

　　　　白发苍颜，正是维摩①境界。空方丈、散花何碍②。朱唇箸点，更髻鬟生彩③。这些个，千生万生只在。
　　　　好事心肠，著人心态。闲窗下、敛云凝黛。明朝端午，待学纫兰为佩④。寻一首好诗，要书裙带。

有才子处，若无佳人，就像香烛失去红酒，亭槛远离水畔，虽亦有风采，但终究少了摇曳波光的增色和陪伴。

苏东坡一生，对歌伎酒筵的喜爱从未稍减。东坡对此也从不讳言，他在词中说："回首长安佳丽地。三十年前，我是风流帅。为向青楼寻旧事，花枝缺处余名字。"俨然有柳永"忍把浮名，换了浅斟低唱"的疏狂风流。但东坡毕竟不是柳永，东坡流连于酒筵歌舞，欢喜与年轻的女郎谈笑交际，但他从未迷醉在烟花柳巷，甚至没有迷恋上哪个歌伎。在这方面，东坡要比他同时的晏几道清醒得多。

晏几道孤高自负，不与权贵交往，即使东坡这样的人物想要见他也不可得，但他又是一位"人百负之而不恨，己信人，终不疑其欺己"的痴人。一卷《小山词》，二百余首，所摹所状只有他与友人沈廉叔、陈君龙家的莲、鸿、蘋、云四位歌女的悲欢离合。

四位歌女流转人间，晏几道明知不能与她们聚合，仍然一往情深、

人间有味是清欢——苏轼的词与情

苦苦相恋。他从未表现过拥有之后的满足，因为他从未拥有。过往的温馨美好和现实的苦闷相思，就像两面相对而立的镜子，永不停止地互相映射，直到狭小的空间里叠起无尽的幻影。就像那首为小蘋而作的《临江仙》：

梦后楼台高锁，酒醒帘幕低垂。去年春恨却来时。落花人独立，微雨燕双飞。
记得小蘋初见，两重心字罗衣。琵琶弦上说相思。当时明月在，曾照彩云归。

在小晏260首词作中，有52首、59句带有"梦"字，他在《小山词自序》中说："篇中所记悲欢离合之事，如幻如电，如昨梦前尘，但能掩卷怃然，感光阴之易逝，叹境缘之无实也。"寻梦寻得久了，他或许已渐渐混淆了梦境和现实。

像东坡这样的倜傥学士，我们可以想象，他到处都会有女人缘。但东坡与女人的相处，不是"闲拈针线伴伊坐"，那是柳永的专属；也不是"夜雨一帘幽梦，春风十里柔情"，那是秦观的幽情。东坡常写的句子是：

"美人怜我老，玉手簪黄菊。"
"强染霜髭扶翠袖，莫道狂夫不解狂，狂夫老更狂。"

美人在这里是一种点缀，而不是主角，但也不可或缺。就像剑穗之于宝剑，虽无益于杀伐，却可为勇士增添风流。不过的确有三个女人先后是东坡生命中的主角：原配王弗，继配王闰之，侍妾王朝云。

朝云自幼生活在歌舞班中，东坡第一次任职杭州时把她收为侍女，在黄州纳为妾。在东坡的几个女人中，朝云最知心达意。一次，苏东坡

惟有朝云能识我

退朝回家,饭后在庭院中散步,突然指着自己的腹部问身边的侍妾:"你们有谁知道我这里面有些什么?"一侍女答道:"您腹中都是文章。"苏东坡不以为然。另一侍女说:"满腹都是见识。"苏东坡也摇摇头,到了王朝云,她微笑道:"大学士一肚皮的不合时宜。"苏东坡闻言,捧腹大笑,赞道:"知我者,唯有朝云也。"

朝云曾为东坡生下一子,但不幸夭折。东坡南迁惠州时,继配夫人王闰之已去世,家里的几个侍妾也相继辞去,只有朝云与他相伴。惠州这座偏远的小城,注定要准备容纳他们的故事。

"朝云"一名是东坡所取,源自宋玉《高唐赋》中"朝为行云,暮为行雨"的巫山神女。但朝云与东坡留给后人的记忆,却与此丝毫无涉。

朝云信佛,东坡把她比作"天女维摩"。佛经中有一个故事:在释迦牟尼与门人讨论学问时,空中出现一位天女,将鲜花洒落在众人身上。众菩萨身上的花都落在地面,只有舍利弗身上的花瓣不落下来,用神力也不能拂去。众人诧异万分,天女说:"结习未尽,固花着身;结习尽者,花不着身。"舍利弗于是愈发努力修行。

朝云抛却长袖的舞衫,专心礼佛,与东坡一起炼制丹药。东坡在一首诗里说,一旦仙丹练就,朝云将与他一起辞别人世,去遨游仙山,不会再如巫山神女一样受尘缘羁绊。他甚至信誓旦旦地写道:"佳人相见一千年。"

东坡在惠州建了一所房子,他管它叫"白鹤居",后人却一致地称之为"朝云堂"。但朝云并未住过这座房子,房子还未竣工,朝云就得了瘟疫,竟至身亡。她在闭眼之前,握着东坡的手,念出《金刚经》上的偈语:

　　一切有为法,如梦幻泡影,
　　　如露亦如电,应作如是观。

人间有味是清欢——苏轼的词与情

从此以后，苏东坡的生命中没有再出现与他亲密的女人，直到老死。当后人怀念朝云时，会想起惠州西湖六如亭的亭柱上，出自东坡之手的那副楹联：

不合时宜，惟有朝云能识我；
独弹古调，每逢暮雨倍思卿。

壮年力盛时，东坡为和奉守清规戒律的禅师开玩笑，曾把一位歌伎带入佛门净地。那时的他应该不会料到，会有一位走进他内心的女子，又与他一起走进佛门。当她走进来，他感到世界的圆满。当她先一步走出去，他悟到空才是世界的本质。

注释：
①维摩：维摩诘的省称，佛经中的人名，和释迦牟尼同时，是毗耶离城中的一位大乘居士。
②空方丈、散花何碍：天女在一丈见方的维摩室中散花，室小无任何妨碍。天女，喻朝云。
③朱唇箸点，更髻鬟生彩：红色口唇似用筷子点画，改变年少时的发髻形态更艳丽。髻鬟：年少时的发髻。
④纫兰为佩：编织兰草来佩带。

苏子呼朋醉

他曾讲：「我上可陪玉皇大帝，下可陪卑田院乞儿，眼前见天下无一个不是好人。」是了，在他眼里，似乎谁都可以成为他的朋友。朋友易得，但志趣相投的朋友难得，志趣相投又患难与共的朋友就更难得了。苏子是幸运的，他的身边总不乏可爱又可敬的朋友。他与他们「竹溪花浦曾同醉」，共赏人世烟云。

故人不见，旧曲重闻
——行香子·丹阳寄述古（携手江村）

携手江村。梅雪飘裙。情何限、处处销魂。故人不见，旧曲重闻。向望湖楼，孤山寺，涌金门。

寻常行处，题诗千首，绣罗衫、与拂红尘。别来相忆，知是何人。有湖中月，江边柳，陇头云。

苏轼是一个无友不欢的人，他天性喜欢热闹，不喜欢冷清。他对子由讲："我上可陪玉皇大帝，下可陪卑田院乞儿，眼前见天下无一个不是好人。"是了，在他眼里，似乎谁都可以成为他的朋友。晚年的他被贬到汉人稀少的海南岛上，仍然旧习不改，到处去找当地人聊天。庄稼汉在大学士面前无话敢说，苏轼就让他们讲鬼故事。若一天没有客人造访，他就浑身不舒服。

种善因者，必得善果。不管到哪里，苏轼的身边总是不乏可爱又可敬的朋友，即使不在身边，他也要用诗词、信笺把朋友拉到身边。翻开苏轼的诗词集，会发现大量的"赠某某"、"怀某某"、"别某某"、"寄某某"……每一个友人的名字都是上天赠予的礼物。

熙宁六年（公元1073年）十一月，苏轼以杭州通判的身份奉命前往常州、润州、苏州、秀州一带赈灾，次年正月经过丹阳时（今属江苏镇江市），怀念在杭州的陈襄，有感而作《行香子·丹阳寄述古》。

"述古"是苏轼友人陈襄的字。陈襄时任杭州知州，与苏轼是同僚兼诗友，两人过从甚密，多有诗词往还。苏轼在杭州通判任上时所作诗词中提到的"太守"多是指陈襄。在日后的送别词《诉衷情·送述古，迓元素》中，苏轼曾夸赞陈襄的诗才："钱塘风景古来奇，太守例能诗。"

当你思念一个人的时候，你便会想，他此刻是否也在思念自己？他又会如何怀念自己？唐天宝年间，困居长安的杜甫，见月而思身在鄜州的妻儿，写下了"今夜鄜州月，闺中只独看。遥怜小儿女，未解忆长安"。他不写自己的思念之心，而写被人思念的情景，却更显得悲婉微至，精丽绝伦。

这种"心已驰神到彼，诗从对面飞来"的写法被称为"借人映己"，苏轼这阕《行香子》同样是妙用这一手法的佳作。

正月，春天待来，冬天未去。虽阳光明媚，但寒风依旧砭人肌骨。苏轼不怕忙、不怕闲、最怕闷，终于还是决定一个人出去兜兜圈子。他走到驿馆附近的园中，满眼枯枝寥落，不见一丝春意。但那一丛寒梅跃进眼帘，花瓣正如雪片般徐徐飘落，地上的"梅雪"几乎遮掩了崎岖小径。

太守陈述古前几日曾寄诗苏轼。其中有两句是这样写的："犹忆去年题别处，乌啼花落客沾衣。"又见花落，不见故人，述古此时是否也在外踏春呢？外出踏春的述古，身边会是谁呢？也许会携手歌伎吧。携手歌伎的述古，是否也会遇到梅花飘雪？苏轼眼前渐渐浮现出清晰的场景：今日陈襄也在外出探梅访春，梅雪飘然洒落在同行歌伎的衣裙上……

杭州的景色仍旧像记忆中那样迷人。置身其中的陈太守有佳人相伴、美景可餐，却一点都打不起精神，但觉处处美景只为销魂。试问世间何物最销魂？南朝江淹曾一语道尽："黯然销魂者，唯别而已矣。"

离别最销魂，古今一般同。

陈太守忽闻湖边楼上有唱曲的，细辨其声，不正是苏轼的佳作吗？旧曲重闻，故人不见，令人好生伤感。想当年，不，其实苏轼外出赈灾也没有多久，不过两三个月而已。可为什么却觉得已有那么久了呢？是因为"一日不见，如隔三秋"。那时与苏轼在望湖楼（望湖楼一名"看经楼"）读经斗法、望湖赏月，在孤山寺寻访旧迹、与和尚攀谈，在涌金门登高远眺、极目云天，何其痛快！

陈襄与苏轼外出游玩时，常常诗词酬唱，高兴了还会随笔题写在石上、壁上。苏轼记得，写过这样一首诗给述古：

> 草长江南莺乱飞，年来事事与心违。
> 花开后院还空落，燕入华堂怪未归。
> 世上功名何日是，樽前点检几人非。
> 去年柳絮飞时节，记得金笼放雪衣。

陈襄回应的和诗大概是：

> 春阴漠漠燕飞飞，可惜春光与子违。
> 半岭烟霞红旆入，满湖风月画船归。
> 缑笙一阕人何在？辽鹤重来事已非。
> 犹忆去年题别处，鸟啼花落客沾衣。

"可惜春光与子违"，一句话竟然要生效这么多次，真是残忍。携伎出游的陈述古，还会不会行经当年两人题诗的地方呢？而今重到，陈襄看到的景象又是否一如当年？当时一同题写的诗词，是否还是原样？会

人间有味是清欢——苏轼的词与情

不会重演"碧纱笼"的典故？

前人吴处厚在《青箱杂记》书中记过一则轶事：真宗朝名臣寇准曾经与隐士魏野同游过一所寺院，二人都在寺院墙壁上题写了诗文。后来，两人又一起来游玩，到了题诗之处，只见寇准的诗早已被"碧纱笼"罩护了起来，完好无损，而魏野的诗却裸露在外，沾满了灰尘。世人势利，令人唏嘘。寇准与魏野两人相视无语。恰在此时，只见一名同行的官伎走上前去，用衣袖将魏野题诗上的灰尘轻轻拂去。尴尬顿时解开，真是一位聪慧伶俐的女子。于是魏野吟诗两句："若得常将红袖拂，也应胜著碧纱笼。"寇准大笑。

苏轼猜测，杭州各寺的僧人是否也会势利地将太守和通判的题诗区别对待？若陈太守遇到此景，他身边那名歌伎是否会上前将自己的诗拂拭干净？

苏轼开始盘算，在那杭州"好湖山"里，都有谁会思念自己呢？肯定有"湖中月"、"江边柳"和"陇头云"。月犹如此，柳犹如此，云犹如此，陈太守也不会例外吧。

"海内存知己，天涯若比邻"，这句话也可以反着说：海内存知己，比邻若天涯。"一日不见，如隔三秋"的可不只是恋人。

亦师亦友老仙翁
——西江月·平山堂（三过平山堂下）

　　三过平山堂下，半生弹指声中。十年不见老仙翁，壁上龙蛇飞动。

　　欲吊文章太守，仍歌杨柳春风。休言万事转头空，未转头时皆梦。

　　平山堂在扬州城西北大明寺侧，庆历八年（公元1048年）欧阳修任扬州知州时所建，叶梦得称赞此堂"壮丽为淮南第一"。由于所在地势甚高，江南诸山拱列檐下，历历在目，似与堂平，所以名为"平山堂"。这名字霸气外露，尽显一代文坛盟主欧阳修的豪情。

　　但无论如何雄奇，平山堂在时光风雨中依然显得渺小脆弱，后世屡修屡废。到了清初，王士祯笔下的平山堂，只剩下了"一抔土"，"无片石可语"。然而从此地经过的文人墨客无不吟咏缅怀，其奥秘就在于"以欧苏之词，遂令地重"。

　　文人很少以纯粹的自然景观入诗，多求景致、典故、诗词三位一体。胜地激起诗人的诗兴，名家名诗又成就了一个个地名。要读懂东坡笔下的平山堂，得先认识欧阳修眼里的平山堂：

人间有味是清欢——苏轼的词与情

朝中措·平山堂

平山栏槛倚晴空，山色有无中。手种堂前垂柳，别来几度春风？

文章太守，挥毫万字，一饮千钟。行乐直须年少，尊前看取衰翁。

宋仁宗嘉祐元年（公元 1056 年），与欧阳修过从甚密的刘原父出守扬州，欧公作《朝中措》一为送行友人，二为追忆自己在扬州的激情岁月。一别淮扬数年，醉翁最念是平山堂前亲手种的垂柳。"几度春风"写深婉离情，但哀而不伤，反而给人以欣欣向荣、气宇轩昂之感。

"文章太守"经常被后人误解为是欧阳修自状，其实他写的是刘原父。史称刘原父才思敏捷，有一次一口气连拟九道诏书，倚马而成。刘原父还十分博学，欧阳修读书每有疑问便去信请教，原父得信后往往即刻挥笔作答，"答之不停手"，故云"挥毫万字"。与醉翁作友，"一饮千钟"想来亦是常情。欧阳修赞友人为"文章太守"，却自谦为"尊前衰翁"。

但怪不得后人误会，"文章太守，挥毫万字，一饮千钟"与欧公的形象也并无半点不合。东坡这首《西江月》中的"文章太守"指的就是欧阳修，东坡记忆中恩师的模样一直是神采奕奕的"老仙翁"。

东坡"三过平山堂"，这第三次是在宋神宗元丰二年（公元 1079 年）四月自徐州移知湖中，途经扬州时。之前两次分别是熙宁四年（公元 1071 年）出任杭州通判和熙宁七年（公元 1074 年）由杭州移守密州。每一次路过扬州，东坡都会来平山堂凭吊恩师。

第三次经过平山堂，东坡已四十三岁了，怅然回首，弹指声中半生倏忽而过。自己与恩师分别已有十年。斯人已逝，字迹犹存，平山堂壁上龙蛇飞舞的遗草，字字句句挥洒着老仙翁的风采。

亦师亦友老仙翁

东坡记得，最后一次师生相见是在熙宁四年，那年他绕道颍州去看望业已致仕的欧公。一位仙风道骨的文坛盟主和一位风头正盛的后起之秀，在颍州西湖设宴畅饮。欧阳修自称"醉翁"，但酒量不佳，自称"饮少辄醉"。东坡性爱美酒，但亦不善饮，不过他美其名曰"我性不饮只解醉，正如春风弄群卉"。同样爱酒而不善饮的师徒二人，宴饮之乐不在酒，而在酒后的壮怀激烈、豪气干云。东坡有诗《陪欧阳公燕西湖》记一时盛景：

谓公方壮须似雪，谓公已老光浮颊。
羯来湖上饮美酒，醉后剧谈犹激烈。

谁料此次竟成永别，两年后欧公就驾鹤西游了。闻听噩耗，东坡含泪写下祭文："上为天下恸，恸赤子无所仰庇；下以哭其私，虽不肖而承师教。"

苏轼当年参加科考，欧阳修是主考官。参与阅卷的梅尧臣推荐来一篇晓畅通达的古文风格试卷，让欧阳修取为第一。欧阳修看到文章一见倾心，但怀疑这份试卷出自门生曾巩之手，害怕惹来闲话，于是委屈它做了第二名。后来才知道这是苏轼的作品。苏轼及第后，便拜入欧公门下，从此结下师生之谊。

在众多门生中，苏轼最得恩师之心。欧阳修曾对梅尧臣说："读轼书，不觉汗出，快哉快哉！老夫当避路，放他一头地也，可喜可喜！"在他眼里，苏轼就是下一代文坛盟主无疑，并预言三十年后世人将不再谈论自己。面对可畏后生，欧公非但没有任何嫉贤、恋栈之意，反而公开赞赏，主动"放他一头地"。

因为欧公关心的不是个人名望，而是文统、道统的传续，他对苏轼的欣赏也不只是文才，更包括人品、气度、志向。他曾对苏轼说："我老将休，付子斯文。"外人看来他们师生传接的是至高的荣誉，只有他们两个知道，荣誉背后是沉甸甸的道义担当。苏轼记着欧公的谆谆教诲："我所谓文，必与道俱。见利思迁，则非我徒。"

欧公一生倡导士人的担当精神，原本"论卑气弱"的时代风气，自欧阳修一出，焕然而变，读书人纷纷"以通经学古为高，以救时行道为贤，以犯颜纳说为忠"。然而由于直言敢谏，欧公屡遭贬谪，直至释位而去，归隐泉林。

东坡乍言"欲吊文章太守"，话到嘴边却吞了下去，转口歌唱"杨柳清风"。因为他知道，"文章太守"的文与道都交付了自己，唯有暗自守持，吊之无益。倒不如歌些"杨柳春风"与恩师解闷。

白乐天《自咏》诗说得轻巧："百年随手过，万事转头空。"但"转头"是那么轻松的事么？或尘缘未了，或慧根不净，"未转头"的都是梦中人。明知是梦，也不得不尽力把这梦做下去。"休言万事转头空，未转头时皆梦"，这不是消极避世，而是参透之后的执著选择。

黄宗羲说，科举制兴起后，师道就亡了。每次科考，都能批量产生一堆恩师和门生的关系。的确许多"师生"关系徒有其名，实质上不过是一种应酬的对象和攀援的途径罢了。但苏轼与欧阳修虽也由科举成就，性质却截然不同。他们是中国文人心目中最理想的师生，不仅是"传道、授业、解惑"，而且是相知、默契的友人。奖掖和推崇不难，难的是被奖掖的名副其实，被推崇的不负众望。

竹溪花浦曾同醉
——虞美人（波声拍枕长淮晓）

波声拍枕长淮晓，隙月窥人小。无情汴水自东流，只载一船离恨、向西州。

竹溪花浦曾同醉，酒味多于泪。谁教风鉴在尘埃？酝造一场烦恼、送人来！

元丰七年（公元1084年）十一月，东坡到高邮与秦观相会，秦观（字少游）一直把他送过淮河才依依作别。秦少游有词："此情若是久长时，又岂在朝朝暮暮。"但相见急、别离久，谁又能轻易割舍，等待下一次相会？

东坡与少游，是宗师与门生，是诗友也是知己，秦观还是传说中的苏小妹的情郎。"苏门四学士"中，东坡最得意的便是这位"有屈、宋之才"的秦少游。

秦观乃"古之伤心人"，写的词都像在泪水中浸泡过一样，揪心的愁恨从心底源源不断地流出，"便做春江多少泪，流不尽，许多愁"。东坡或许受其感染，这阕《虞美人》也凄恻婉转得令人心碎。

苏轼的成名，得助于文坛前辈欧阳修的提携，若无醉翁"让此人一头地"的名人效应，东坡或许还要多等几年才能被流俗"发现"。自古而今，文脉不绝的秘密就在于薪火相传，庄子说："指穷于为薪，火传也，不知其尽也。"一旦苏轼登上文坛盟主的位子，他便将自己曾得过的礼遇施于后进。

众星拱月乃天然之理，释迦牟尼有十大弟子，孔夫子有七十二贤人，苏轼也就有"苏门四学士"：黄庭坚、秦观、晁补之和张耒。四人日后都名满天下，黄庭坚还开创了江西诗派，得与苏轼齐名，并称"苏黄"。但他们在人微名贱时，却是苏轼慧眼识英，将他们从无名之辈中拣选出来。苏轼自己说："四学士皆世未之知，而轼独先知。"

晁补之最早拜入苏门。补之知苏轼之名，读苏轼之书时，年仅十五岁。十七岁时，晁补之随父亲晁端友赴任杭州新城令，持记述钱塘风物的《七述》一文拜谒时任杭州通判的苏轼，苏轼赞道："吾可以搁笔矣。"晁补之曾为苏轼"不谐音律"的新词辩护，称其"横放杰出，自是曲子中缚不住者"。

苏轼早在杭州任上时就见过黄庭坚的诗文，并击节赞赏。六年后，黄庭坚投寄书信和赠诗给苏轼。再九年后，两人才终于见到第一面。此前的十五年里，两人相知相慕、心神两契，诗词唱和多达百篇。后人观此方知，以文会友并非虚言。

张耒因苏辙结识东坡，拜入师门后终身秉持苏轼的文章之道。苏轼、苏辙兄弟和其他苏门学士相继亡故后，张耒独守师道，惨淡坚持。南宋高宗即位后，给苏轼等人平反，赠张耒集英殿修撰，诰词说："四人以文采风流为一时冠，学者欣慕之及继述之。"

说起苏轼与他们每个人的相遇相知，都是一段佳话。但最具传奇色彩的，还是苏轼与秦观的结缘。

两人未相识时，秦观得知苏轼将经过扬州，于是模仿苏轼的笔迹和文风在一山寺中题诗。苏轼来了之后，大吃一惊，竟然辨不出和自己的"真迹"有何区别。后来见到孙莘老，后者拿出秦观的数十篇诗词向苏轼推荐，苏轼读过之后才恍然大悟，意识到之前那个题字的"多事少年"是秦观。

秦观少年豪俊，壮志凌云，攻读兵书，一心征战沙场，自信满满地认为"功誉可立致，而天下无难事"。一个才致高蹈，一个年少风流，苏、秦交游自然留下不少典故。

苏轼填词总是暗中与柳永较高下。一次秦观入京见苏轼，苏轼批评他："不意别后，你却学柳永作词。"秦辩称："我虽无识，也不至于如此。"苏轼只好念出秦观新词中"销魂当此际"一句，秦观方默然不答。

后人则附会了更多的典故，如苏小妹的故事。苏轼并无妹妹，冯梦龙却在《三言二拍》中有鼻子有眼地"记载"了《苏小妹三难新郎》的故事，说苏小妹"比文招亲"，秦少游过关斩将……

故事之所以吸引人，往往是因现实的艰难苦涩。"竹溪花浦曾同醉"当然是有的，"人人尽道断肠初。那堪肠已无"却是秦观更深的感触。秦观37岁才中进士，43岁才谋得秘书省正字一职。与苏轼的交往并未给秦观带来多少好运，他反被苏轼的厄运连累。苏轼被流放岭南时，秦观即被当做"余官之首"遭受迫害。

秦观有苏轼的风流，无苏轼的达观，遭贬后满纸都是"乡梦断，旅魂孤"、"天涯旧恨，独自凄凉人不问"、"飘零疏酒盏，离别宽衣带"。绝望消沉之际，他自作挽词，为即将结束的生命提前哀悼。

苏轼到雷州半岛时，遇到了已先贬至此的秦观。秦观告诉苏轼其他三位苏门学士的下落："起初，朝廷起复张耒为黄州判官，今又移知兖州；晁补之本为信州监酒税，今又迁为史部郎中兼国史院编修；黄庭坚不赴鄂州监税，畅游眉山去了。"昔日的雅集盛会，而今已被雨打风吹散。苏轼感叹："我今已老矣，不知能否与他们相见。"

不幸中的万幸，苏轼与秦观在天涯尽头还相见一场。那天晚上，天降滂沱大雨，苏轼作《雨夜宿净行院》诗："芒鞋不踏利名场，一叶轻舟寄渺茫。林下对床听夜雨，静无灯火照凄凉。"

人间有味是清欢——苏轼的词与情

　　苏轼得知秦观自作挽词时已有不祥预感，但他没有料到的是，少游的凄凉竟来得如此急迫。元符三年（公元1100年）哲宗驾崩，迁臣多被召回，苏轼和秦观都在列。当年五月秦观行至滕州，出游光华亭，索水欲饮，水至，笑视而卒。这位命运多舛的才子，在生命的最后一刻终于看破了生死大限。

　　苏东坡听闻秦观死讯，"两日为之食不下"，叹云："少游已矣，虽万人何赎！"他自会想到"竹溪花浦曾同醉"，也应记起"静无灯火照凄凉"。朋友就像上天随意撒下的礼物，你不知道何时会被派来，也不知道何时会被收去。当朋友到来时，你满心欢喜；当他离去时，你怅然若失；当他一去万里不复返时，你无可奈何。

诗人相得古来稀
——八声甘州·寄参寥子(有情风万里卷潮来)

  有情风、万里卷潮来,无情送潮归。问钱塘江上,西兴浦口,几度斜晖?不用思量今古,俯仰昔人非。谁似东坡老,白首忘机①。

  记取西湖西畔,正暮山好处,空翠烟霏。算诗人相得,如我与君稀。约他年、东还海道,愿谢公、雅志莫相违②。西州路,不应回首,为我沾衣。

  参寥即僧道潜,是与苏轼同时代的著名诗僧。顾名思义,诗僧即能诗的僧人。根据唐人刘禹锡的观察,诗僧多出于人杰地灵的江东地区,参寥也不例外。他的家乡在于潜,今天的浙江境内。诗僧之诗与俗士之诗有所不同,正如白居易《题道宗上人十韵诗序》所说:"文为人作,为法作,为方便智作,为解脱性作,不为诗而作也。"

  东坡在徐州任上与参寥相识,两人一见如故,结为莫逆之交。参寥以精深的道义和清新的文笔为东坡所推崇,称之为"新诗如玉屑,出语便清警"。东坡贬谪黄州,参寥不远千里赶去,在东坡贫寒的家中住了一年光景。东坡离开黄州时,参寥与他同行,两人结伴去游庐山。在这次游庐山期间,或许是与参寥辩论佛法时受了启发,东坡作出了那首颇富禅理的《题西林壁》:

人间有味是清欢——苏轼的词与情

> 横看成岭侧成峰，远近高低各不同。
> 不识庐山真面目，只缘身在此山中。

与东坡相比，参寥是真正的闲云野鹤，他在朋友危难时赶来陪伴，在朋友渡过艰难、否极泰来后重又遁迹山林。之后两人依旧诗书往还不断，但参寥却再没能与东坡长时相处。

离开黄州后，东坡本打算寻一处江山静好之地安享晚年，所谓"十年归梦寄西风，此去真为田舍翁"。但命运偏不遂人愿，它强行将一只脚已踏进田舍的东坡安排进一条官场的顺风快船。

神宗皇帝驾崩，小皇帝继位后由太皇太后高氏垂帘听政。高太后一向反对新法，主政后全力摈斥新党，起用保守派大臣司马光、吕公著、文彦博等人，"以复祖宗法度为先务，尽行仁宗之政"。东坡被这股东风吹着扶摇而上，一年之间擢升三次，最后做了四品中书舍人，负责替皇帝草拟诏书。

这等如意事是该弹冠相庆的，但却不合东坡的心愿。在一首诗里，他得了便宜卖乖似的写道："岂意残年踏朝市，有如疲马畏陵坡。"山坡是马儿的赛道，但东坡这匹马却对旧赛道心生倦意。他想要换一个不需要比赛的地方，悠然来往，没人羡慕也没人嫉恨。面对不得不回归的官场，东坡在给米芾的信里说："衰病之余，乃始入闹，忧畏而已。"

东坡也许早就料到，自己不能在青烟缭绕的朝堂里撑持太久。因为在京都，繁华富贵背后的真实逻辑其实是钩心斗角。而这正是东坡最不擅长。果然，未过几年，不期然成为"蜀党"领袖的东坡不堪党派交攻，自请外放，再次来到杭州。

东坡相信他前生曾居住在杭州。

有个故事，说某天东坡去游寿星院，一进门觉得所见景物像梦中一样熟悉,他告诉同游者走九十二级便到向忏堂,果真如此。不仅如此,他还把寺院后面的建筑、庭院、树木、山石,向同行人一一描述。

当他任满又一次告别杭州时,依依之情自然满怀。而这一次,还多了一个理由让他难启离程——参寥。东坡在杭州的这几年,参寥恰在这里。这首《八声甘州·寄参寥子》便作于此时。

"有情风、万里卷潮来,无情送潮归"。潮来潮去,人聚人散都有定数,有情、无情只是诗人的妄念。但诗人相得乃世间稀事,东坡对僧友谈妄念也情有可原了。

民国作家里,鲁迅和林语堂都是后人敬慕的人物,林语堂写过《苏东坡传》。一次宴席,鲁迅和林语堂都在场。事后鲁迅在日记中记了一条:"席将终,林语堂语含讥刺,直斥之,彼亦争持,鄙相毕露。"林语堂也有日记:"八月底与鲁迅对骂,颇有趣,此人已成神经病。"一件鸡毛小事,打碎了两个完美形象。

不惜歌者苦,但伤知音稀。文人相轻自古以来就是陋习,也是魔咒。其缘由古人早已说过:一由相尚殊,一由相习久,一由相越远,一由相形切。正因为相轻是常态,所以相得、相友便是值得浓墨重笔来书写的。也就可以理解,为什么李白、杜甫的交谊让闻一多如此激动:"我们该当品三通画角,发三通擂鼓,然后提出笔来蘸饱了金墨,大书而特书。因为我们四千年的历史里,除了孔子见老子(假如他们是见过面的)没有比这两人的会面,更重大、更神圣、更可纪念的。"

东坡与参寥,不需要这样夸张的声势和拔高的意义。他们的交往甚至没想到会被后人记住,默契与得意都在轻薄的书简中悄悄传递,只有极少数典故流传下来,给后人作想象的酵母。

其中一则是苏轼在自己的笔记《东坡志林》中记录的:东坡晚上做了一个梦,梦到参寥携一卷轴来访。卷上有诗一首,其中两句云:"寒食清明都过了,石泉槐火一时新。"东坡纳闷,清明改火是习俗,但泉为什么也是新的?参寥答:"在清明节淘井也是习俗。"醒来之后,东坡想,当续成其诗,以记其事。

这种事有什么可记的呢,无非是一个闲梦,两句闲事,再搭上两个闲人。而且这两句参寥在东坡梦中作的诗,算来还应该是东坡作的。但东坡提笔记下这个梦的时候,肯定想到了他第一次读到的参寥的诗句:

风蒲猎猎弄轻柔,欲立蜻蜓不自由。
五月临平山下路,藕花无数满汀洲。

那"与林逋上下"的清绝和天然流露的自由野性,像一滴清露压弯新叶一样,打动了东坡,也为后来的梦种下前因。

注释:

①忘机:消除机心。《庄子·天地篇》云:"有机械者必有机事,有机事者必有机心。"

②约他年、东还海道,愿谢公、雅志莫相违:据《晋书·谢安传》载,谢安东山再起后,时时不忘归隐,但终究还是病逝于西州门。羊昙素为谢所重,谢死后,一次醉中无意走过西州门,觉而大哭而去。词人借这一典故安慰友人:自己一定不会像谢安一样雅志相违,使老友恸哭于西州门下。

悲欢共手足

「手足之爱,平生一人」从未改变。政治上荣辱与共,生活上同甘共苦,精神上相互勉励,他的笔头千字与胸中万卷,或许只有那一人能与其相和。

二陆初来俱少年
——沁园春（孤馆灯青）

孤馆灯青，夜店鸡号，旅枕梦残。渐月华收练，晨霜耿耿；云山摛锦①，朝露漙漙。世路无穷，劳生有限，似此区区长鲜欢。微吟罢，凭征鞍无语，往事千端。

当时共客长安。似二陆初来俱少年。有笔头千字，胸中万卷；致君尧舜，此事何难。用舍由时，行藏在我，袖手何妨闲处看。身长健，但悠游卒岁，且斗尊前。

那年还是仁宗皇帝在位，苏轼与苏辙（字子由）兄弟俩同登进士第，一时名震京都。当时苏轼21岁，苏辙19岁。"春风得意马蹄疾，一日看尽长安花。"苏家二子双双中了进士而且都名列前茅，于是便有人问苏洵考进士难不难，老苏写了一首打油诗作答：

莫道登科易，老夫如登山。
莫道登科难，小儿如拾芥。

苏洵多次应举不中，科考一直是他心中的一个死结。父亲心中的块垒，终于被二子登科的喜讯冲化开了。苏轼还记得，父亲到处去喝酒，一遍又一遍地跟人讲两个孩子名字的含义："'轼'是车子前的扶手，虽

人间有味是清欢——苏轼的词与情

然没有实际用处,但离开'轼'就不是一个完整的车了。大儿子才华横溢,狂放不羁,不拘小节,但过于外露,太不懂得掩饰自己,就像没有'轼'的车一样,会让人感到唐突压迫。取名为'轼',就是让他学会保护自己;'辙'是行车时在地上留下的车轮痕迹。小儿子沉静内敛,就像车辙一样。车辙有其可怜之处,天下所有的车都是通过车辙前行的,但人们论功的时候,不会想到车辙。不过如果车子翻了,车辙也不会受影响。不居功,亦无倾覆之患。这是对小儿子的勉励。"

当时有人把苏轼、苏辙兄弟和西晋的"二陆"相比。"二陆"是指西晋的陆机、陆云,他们出身名门,祖父是吴国名将陆逊,父亲陆抗曾任东吴大司马,领兵与魏国羊祜对抗。吴国被晋亡后,陆机、陆云隐退故里,十年闭门勤学。

晋武帝太康十年(公元289年),陆机和陆云来到京城洛阳拜访时任太常的著名学者张华,张华与他们交谈之后大为赞赏,说了一句话:"伐吴之役,利获二俊。"似乎晋国伐吴最大的战利品就是这两个青年才俊。这句话使"二陆"名气大振,便有了"二陆入洛,三张减价"之说("三张"指当时的知名学者张载、张协和张亢)。

栖身开封的苏轼、苏辙,风光丝毫不输当年在洛阳的陆机、陆云。苏轼甚至信誓旦旦地表示,"二苏"的成就一定要超过"二陆"。胸中藏有万卷诗书,下笔可就千字之文,"致君尧舜"何难之有?私下里苏轼曾对苏辙说:"吾视今世学者,独子可与我上下耳。"这分明不将世人放在眼里。

历史上"兄弟阋于墙"甚至同室操戈的例子并不少见,若非如此,古人也不会用永远见不了面的参和商两个星宿比喻兄弟失和。兄弟间即使关系和睦,也往往各有所好。以致最广为流传的"手足之情"竟是刘关张之类的异姓结义。所以苏轼、苏辙这样的手足兼知音,殊为难得。

二陆初来俱少年

　　黄庭坚称他们是："二苏上连璧，三孔立分鼎。"两人自幼一起长大，同戏同学，不论登山临水还是舞文弄墨，未尝一日相舍。两人又同登进士。入仕之后，由于政见相同，更是互为犄角，同进同退。所谓"手足之爱，平生一人"，一点不虚。

　　可惜官家不恤私情，出蜀之后苏轼和苏辙便异地为官，长年不得见。虽说每到一地，苏轼便有诗文寄给子由，但毕竟纸上传情终觉浅。

　　神宗熙宁七年（公元1074年），苏轼在杭州的任期届满。他的弟弟苏子由这时正在山东齐州任职。为与弟弟接近，苏轼乃向朝廷请求调到山东任职。朝廷准奏，任其为山东密州太守。

　　赴任途中，苏轼本打算绕道齐州去探视苏辙，却未能如愿。在那个交通工具只有舟马、一次行程动辄几个月的年代，亲友间每次会晤都会格外珍惜，每次分离都会格外伤感，而丧失一次相会的机缘就好像多了一次依依惜别的伤感。苏轼只好在去密州的途中写词相寄，这首词也就有了副题——《赴密州，早行，马上寄子由》。

　　野外驿馆的灯闪闪晃晃，不情不愿地吐着青蓝色的火苗。昨夜来投宿的旅人已早早起来开始收拾行装。他没有功夫回味昨天晚上那个还没有收尾的梦，就背着行囊匆匆走出门去。鸡才刚开始叫，天色尚早，这却不是可以迟留的理由，而是要尽快上路的信号。

　　这路，要走到哪年哪月才是尽头？在到尽头之前，是不是每个人都只有不断奔波的宿命？如果说，走很久很久以后，走过千山万水，有一个宁静美好的尽头等着自己，那么之前的羁旅之苦还可以理解。可是，有所谓的尽头存在吗？

　　小时候，苏轼以为好好读书，将来中举、做官，之后的道路便明朗。但兄弟俩一起中举之后，母亲不幸病故，二人只好回家守丧三年。守完丧出来做官，以为凭着自己的才能，按部就班就能实现"致君尧舜上，

人间有味是清欢——苏轼的词与情

再使风俗淳"的理想，没想到却逢王安石一派"新党"当政，司马光、苏轼苏辙兄弟都被排挤出了朝廷。

世路无穷无尽，可人的生命却只有几十年而已。庄子说："吾生也有涯，而知也无涯，以有涯随无涯，殆矣。"庄子说的是高尚的"知"，而我们追求的是形而下的"功名"，在有限的生命中，不断地求学、求知都像夸父逐日一样痴傻，而我等求功名、求事业，不是更不懂得生命的珍贵么？

此时的苏轼还没有走到看空功名事业的人生阶段，他发感慨并不意味着要消退。他明白，虽然目前尚无兄弟二人的用武之机，但来日方长，乘风破浪会有时，直挂云帆济沧海……

子曰："用之则行，舍之则藏。"用与不用，由时运决定，何必多费心思，反正"天生我材必有用"。"袖手何妨闲处看"，现在朝堂上的那些得意之辈，且由他们去折腾，我们不妨闲居终日、袖手旁观。"优哉游哉，聊以卒岁"有何不好？还可以邀几个朋友，觥筹交错，歌舞行乐。但苏轼没有道出的潜台词是：让他们闹吧，等他们收拾不了局面了，我们再出来"结人心，厚风俗，存纲纪"（语出苏轼《上神宗皇帝书》）。笑到最后的人，才笑得最好。

传说神宗看到苏轼这首《沁园春》之后很生气，马上下诏把苏轼贬到黄州，说："就让他苏某人去闲处袖手旁观吧，看朕与王安石怎么治理天下。"这则野史自然不可当真，但苏轼这首词中明显露出的桀骜不驯却一点不假。

注释：

①摘锦：铺开锦缎。形容云雾缭绕的山峦色彩不一。

明月几时有
——水调歌头（明月几时有）

丙辰中秋，欢饮达旦，大醉，作此篇，兼怀子由。

明月几时有，把酒问青天。不知天上宫阙，今夕是何年。我欲乘风归去，又恐琼楼玉宇，高处不胜寒。起舞弄清影，何似在人间。

转朱阁，低绮户，照无眠。不应有恨，何事长向别时圆？人有悲欢离合，月有阴晴圆缺，此事古难全。但愿人长久，千里共婵娟。

最好的诗往往将读者心中的一切情思道尽。你再多说一句都是累赘。读时，觉得诗中的每一句都明白易懂，但却为什么自己偏偏写不出这等佳句。读过一遍，似乎已将诗人的思维领会，可再读一遍，却又能发现新韵味。"人人心中皆有，个个笔下却无"，非经妙手"偶"得，世间便永不会出现。这阕《水调歌头》就是此等天作之笔。

月亮是个奇特而美妙的存在。它每三十天圆满一次，又消失一次；它晶莹明亮却没有太阳的温暖；即使在最亮的时候，它身上也有挥之不去的阴影。它永远是一个谜，人们对它的探究也从未停止过，每个时代

人间有味是清欢——苏轼的词与情

都有人向月亮发出追问。

中国历史上有记录的第一个追问者应该是屈原，屈原以《天问》问天："天何所沓？十二焉分？日月安属？列星安陈？"天在哪里与地交会？黄道怎样十二等分？日月天体如何连属？众星在天如何置陈？

唐代诗仙李白曾这样问月："青天有月来几时？我今停杯一问之。人攀明月不可得，月行却与人相随……今人不见古时月，今月曾经照古人。"这位嗜酒如命的谪仙人"唯愿当歌对酒时，月光长照金樽里"。难怪余光中说李白，"酒入豪肠，七分酿成了月光"。他这七分月光与三分剑气一道，氤氲成了半个盛唐。

到了张若虚的《春江花月夜》问世，诗人和月亮之间的情思早已难解难分："江天一色无纤尘，皎皎空中孤月轮。江畔何人初见月？江月何年初照人？人生代代无穷已，江月年年望相似。不知江月待何人，但见长江送流水。"

当苏轼写下"明月几时有，把酒问青天"时，其实是在接续前人的未竟之思。李白人称"谪仙人"，是因为人们觉得他不是地上的凡人，而是天上的仙人被贬到了人间。古人常常认为有才华的人都是星宿下凡。苏轼说"乘风归去"而不说"乘风远去"，显然也自认为是"谪仙"了，所以把"天上宫阙"当成前世的家。

后来的事情表明，苏轼自称仙人并非全无道理。苏轼死后的前十年里，一切官衔全被剥夺。苏轼的所有著作严禁印行，凡石碑上刻有苏轼诗文或他的字的，都被朝廷下令销毁。但是后来一位道士向"道君皇帝"宋徽宗奏称，自己看见过变身文曲星的苏轼在玉皇大帝驾前掌管诗文。徽宗闻听此说，匆忙给苏轼恢复了荣誉。

但苏轼却不是很乐意回归仙班，琼楼玉宇固然美好，但他怕"高处不胜寒"。传说唐玄宗曾被一位叫叶静的方士引导去月宫游览，到了之后发现"寒凛特异"，玄宗冷不能禁。但"起舞弄清影，何似在人间"，却直直泄露他对人间的留恋。

这阕《水调歌头》作于宋神宗熙宁九年。到了神宗元丰七年，苏轼正戴罪黄州，这词早已在京城里到处传唱。神宗也听到了，当高高在上的皇帝读到"琼楼玉宇，高处不胜寒"时，竟起叹息："苏轼终是爱君。"于是，他把苏轼调到了比黄州条件稍好的汝州。神宗大概觉得，苏轼心系君王，所以不忍乘风归去，回归琼楼玉宇。

但神宗很可能自作多情了。苏轼留恋人间，未必是感君恩，倒更可能是骨子里对尘俗生活的热爱。先说他发明的菜，东坡肉、东坡肘子，再说他善酿酒、精茶道，还说他晚年到了岭南蛮荒之地，反而"不辞长作岭南人"，只因可以"日啖荔枝三百颗"。这一切，都可见苏轼对红尘的热爱。他虽受老庄思想的影响，明了世事不过大梦一场，人生如寄，但他却又如此积极地面对生活，享受生活。

月亮在诗词中从来不只是月亮。它自顾自地阴晴圆缺，总被多情之人加上人世离合的情愫。

苏轼作此词本就有"兼怀子由"的意义。苏轼请调密州本就是为了接近弟弟苏辙，密州与苏辙所在的济南并不远，不到词中所言的"千里"，但由于两个人都疲于官事，至今却已有五年没有相见了。月不解意，这五年间它每个月都圆一次，尤其以中秋为甚，勾人离殇。

又是中秋，又是月圆。月光悄悄转过朱红的楼阁，低低地穿过雕花的门窗，蓦地照向屋里失眠的人。它就这样耀眼地照着，月光有多亮，不眠人的心中就有多凉。上一次兄弟相见是什么时候？上一封通信又有几个月了吧，苏辙现在身体怎样？跟上司相处还融洽？月儿总无情，今夜最残忍。

但东坡仍是旷达，短短的感性伤怀后，他依旧理性地安慰自己。月亮运行自有其道，就像再亲密的人都离离合合一样，此事古难全，人力难强求。与其跟不通情理的月亮较劲，倒不如许点实际的心愿。苏轼想到的,也应是"千里"之外苏辙想到的:但愿人长久,千里共婵娟。

"但愿人长久"就像"努力加餐饭"一样有力,它道出了亲人间再朴素不过的愿望。平平安安,不贪富贵贪长久。儿时母亲的精心呵护,长大后父亲的谆谆诱导,他们最大的愿望便是儿子们一辈子的开心平安。而今父母早已西去,世间只剩下手足二人互相扶持、彼此慰藉了。纵不能联席共枕,共赏婵娟也好。

此生此夜不长好
——阳关曲·中秋作（暮云收尽）

暮云收尽溢清寒。银汉无声转玉盘。此生此夜不长好，明月明年何处看。

熙宁九年（公元1076）年中秋，苏轼完成了那首著名的《水调歌头（明月几时有）》，后世的评家称："中秋词，自东坡《水调歌头》一出，余词尽废。"词评者在意的是那词工精湛，却不曾想东坡在乎的却是那寄词的对象——苏辙。

好比"举杯消愁愁更愁"，华美的词章非但不能缓解思念之苦，反而会引发更多的思念。一个月后，苏轼就又写了一首《画堂春·寄子由》：

柳花飞处麦摇波。晚湖净鉴新磨。小舟飞棹去如梭。齐唱采菱歌。

平野水云溶漾，小楼风日晴和。济南何在暮云多。归去奈愁何。

东坡得知，苏辙在这个月（熙宁九年九月）将离开济南掌书记任，前往京城。这看起来是个好消息，因为王安石的新党刚刚失势，苏辙为了抓住难得的政治时机，连家眷都没带，只带了要进呈皇帝的重要奏

人间有味是清欢——苏轼的词与情

章就匆忙出发了。于是苏轼在密州作了这首词为弟弟送行。

在这首词的上阕，苏轼追忆了五年前与苏辙同游陈州柳湖的情景。

那年，苏轼被外放任杭州通判。苏轼自然并不愿意离京。在之前的几年间，他接连上书神宗皇帝，驳斥新法，要求罢免王安石。但他没有赢得皇帝的信任，只招来了王安石新党的记恨和攻击。在苏轼被排挤出京的这一年，反对变法的旗帜人物司马光也被罢归洛阳，这意味着新党的全面得势。

此前，同样反对变法的苏辙已经离开京城去地方上任。苏轼去杭州上任时经过陈州，而苏辙此时正在陈州任州学教授。兄弟俩相晤甚欢，共同度过了一段悠闲快乐的时光。州学教授是个闲散清贫的差事，苏辙又养了好几个孩子，日子过得窘迫。苏轼曾经写打油诗嘲笑弟弟居住的房子："常时低头颂经史，忽然欠身屋打头"。仕途遇挫，生活困顿，却不妨碍兄弟俩悠游畅叙。苏轼在陈州待了很多天，一直过了中秋才走。在那些日子里，兄弟二人常到陈州的柳湖去划船，有时候到傍晚才回去。

水面像新磨的镜子一样平净，看着夕阳静静地映在水中，兄弟俩边走边聊，谈论着家事、政治和各自的前途。跟苏辙相比，苏轼更容易激动，尤其在谈到朝中正得势的那批人的时候。苏辙便常拣合适的机会向哥哥提出劝告，让他出言注意谨慎，以免祸从口出。

这首《画堂春》上阕的"湖"是记忆中的，下阕的"水"是现实中的。水的模样虽然差别不大，但在苏轼眼中，这与记忆中的湖水并不相同，因为水上没有那艘熟悉的小舟。

苏轼问济南何在，济南不就在西边吗？可是西天的云彩遮住了视线。天色已晚，该回去了，可是人能回去，心中的愁怎么办？只能等到下一次相聚了。

题头的《阳关曲·中秋作（暮云收尽）》本来是一首诗，名为《彭城

此生此夜不长好

观月诗》，用《阳关曲》唱出来就成了词。这首《阳关曲》或《彭城观月诗》见证的是苏氏兄弟又一次难得的相聚。我们所以知道这些，是因为苏轼十八年后在《书彭城观月诗》文中回忆过："余十八年前中秋夜，与子由观月彭城，作此诗，以《阳关》歌之。"

熙宁九年底，苏轼被调离密州，改派到河中府任职。履新之前他首先要去一趟京城开封，于是苏轼先去济南和苏辙的家眷会合。两家人久别重逢，欢喜非常，每天都有说不完的话。在济南盘桓了一个多月，次年春，两家人启程去开封。一行人马刚走到黄河边上，开封城还在几十里之外，就遇到了前来迎接的苏辙。分道多年的兄弟俩至此终于重逢。

我们无由得知他们兄弟在刚刚重逢的这几天里互相说了什么，可以确定的是，一行人马接下来走得更慢了。子由带来一个消息，苏轼调到河中府的任命已被取消，改任徐州太守。四月，苏辙随兄来到徐州任所，一直住到中秋过后才离去。

这真是一段珍贵得近乎奢侈的团聚，竟然还可以在中秋节一起赏月。"千里共婵娟"就像梦一样留在过去，而现在月下同酌、赋诗作对也像梦一样美幻。哥哥写了《阳关曲》，弟弟也留下了一曲《水调歌头·徐州中秋》：

> 离别一何久，七度过中秋。去年东武今夕，明月不胜愁。岂意彭城山下，同泛清河古汴，船上载凉州。鼓吹助清赏，鸿雁起汀洲。
>
> 坐中客，翠羽帔，紫绮裘。素娥无赖西去，曾不为人留。今夜清尊对客，明夜孤帆水驿，依旧照离忧。但恐同王粲[①]，相对永登楼。

离别七年，七度"千里婵娟"终换得一次"鼓吹助清赏，鸿雁起汀洲"。但重逢却往往与再次离别紧密相挨，苏辙心想，中秋一过，自己又要告别兄长了,前方宦途难测,自己兄弟千万不要像怀才不遇的王粲那样,后半生流落天涯。

子由的忧虑恰恰也是东坡的忧虑。"此生此夜不长好,明月明年何处看。"在最幸福的时刻,他们兄弟不约而同想到的却是:今夜的美好不是永远的美好,今夜的月亮明年又要飞越千里了。当悲伤产生共振,那将不止是两倍的悲伤。

而命运的残忍恰在于,两人的悲观预测竟被后来的事实给"验证"了。十八年后苏轼写《书彭城观月诗》怀念这次彭城赏月时,他正在又一次被流放的途中,他的目的地是遥远而潮湿的岭南。然而异乎常人的是,当悲剧真的发生时,东坡的表现却是"殊未觉有今夕之悲,悬知有他日之喜也"。

他没有觉出悲伤,反而料定他日喜事会再次驾临。这种乐观怎一个"乐观"了得!

注释:

①王粲:字仲宣,山阳高平人,三国时曹魏名臣,后到荆州依附刘表。王粲不被刘表重用,曾作《登楼赋》表达怀才不遇之忧。

世事一场大梦
——西江月·中秋和子由（世事一场大梦）

世事一场大梦，人生几度新凉？夜来风叶已鸣廊，看取眉头鬓上。

酒贱常愁客少，月明多被云妨。中秋谁与共孤光，把盏凄然北望。

绍圣四年（公元1097年）中秋，苏轼初到儋州，而苏辙在雷州。同遭贬谪的兄弟二人，隔海相望。多年前的那个中秋，苏轼在密州，苏辙在济南，苏轼写下"但愿人长久，千里共婵娟"，那是壮年时对后半生的期望和约定。而今，人来到了天涯尽头，生命也似乎到了尽头，各自保全残命，唯有把酒对望、两相凄然。

世事一场大梦：六十年前在眉山呱呱坠地，懵懂无知；四十年前与子由同时及第、名震京都；十八年前遭"乌台诗案"，险些丧命；十二年前蒙太后恩宠，八面风光；三年前形势急转，与众多朋友一起流放蛮荒。这一切，不正是一场过眼而逝的梦？

这样的梦，《枕中记》中的卢生做过，《南柯记》中的淳于棼也做过。

唐开成七年，有位姓卢名英的书生，穷困潦倒。他在住店时遇到一位姓吕的老翁，吕翁从行囊中取出一个枕头赠给卢生，说这个枕头可以让他心想事成。卢生枕着这个神奇枕头睡着的时候，主人正在蒸黄粱。

在梦中，卢生娶世家大族之女为妻，中进士，升官，破贼立功。子孙皆仕宦，卢家成为天下望族……八十岁，卢生寿尽而终。死亡是通向另一个世界的唯一途径，于是他醒了。而这时店家的黄粱还未蒸熟。经此一梦，卢生大彻大悟，不再想上京赴考的虚事，转身入山修道去也。

汤显祖的《南柯记》写的是相似的故事，只是主人公换成了淳于棼，梦中的地点换成了蚂蚁族的大槐安国。但汤显祖多设置了一个情节：当淳于棼被逐出大槐安国时，梦虽醒，酒尚温，他明白了自己所结下的情缘、所享过的官运，都不过是蚁穴里的一场幻梦。但他还是割舍不下，他乞求禅师将并不存在的亡妻及其国人普度升天。若非老禅师斩断情缘，淳于棼还要在公主身边流连不返。

明知是梦，却不愿醒来。美在梦中，睡比醒好，不是每个人都需要真实，但的确每个人都渴望美好。与乏味寡趣的现实相比，幻象世界是那么美妙缤纷、应有尽有。佛家讲六道：天、人、阿修罗是三善道；畜生、饿鬼、地狱是三恶道。生生死死，轮回不息。六道轮回，回回都是梦幻。

世称"东坡多雅谑"，东坡爱开玩笑是众人皆知的，他以此见爱于世人，也因此得罪当道。他称死脑筋的司马光为"司马牛"，他嘲笑泥古不化的程颐是"糟糠鄙俚叔孙通"，他还给朝云所生不幸早夭的那个儿子写过一首诗：

> 人皆养子望聪明，我被聪明误一生。
> 惟愿我儿愚且鲁，无灾无难到公卿。

罗贝尔·埃斯卡皮在《论幽默》中说："在我们这个极度紧张的社

世事一场大梦

会,任何过于严肃的东西都将难以为继。唯有幽默才能使全世界松弛神经而不至于麻醉。给全世界思想自由而又不至于疯狂,并且,把命运交给人们自行把握,因而不至于被命运的重负压垮。"

东坡的幽默缘于旷达,而旷达是因为看透了这个世界不过是一场梦而已。再痛苦的梦,也会有解脱的一天。再欢乐的梦,也会有终结的那刻。人之穷与达,在本质上又有什么区别呢?

东坡早年签书凤翔府节度判官厅公事,曾作著名的《和子由渑池怀旧》诗,首四句为:

> 人生到处知何似,应似飞鸿踏雪泥。
> 泥上偶然留指爪,鸿飞那复计东西。

人生在世,来来往往,偶然留下一些痕迹,就像随处乱飞的鸟雀,不经意在雪地上留下一些爪印而已。杜甫讥刺那些无名之辈:"尔曹身与名俱灭,不废江河万古流。"可谁又能废得了江河万古流呢?"王杨卢骆"可以吗?杜甫、李白可以吗?苏东坡可以吗?东坡显然是有自知的。

> 聚散一梦中,人北雁南翔。
> 吾生如寄耳,送老天一方。

江山是铁打的营盘,人是流水的兵。知兄莫若弟,苏辙在《祭亡兄端明文》中形容道:"涉世多艰,竟奚所为?如鸿风飞,流落四维",可谓是雪泥鸿爪最好的注解。

莎士比亚说过:"人生不过是一个行走的影子,是一个在舞台上大摇大摆指手画脚的戏子,下台后就永远沉寂无声。"一个人死后,他的命运就交给了历史。不管风光还是沉沦,都与本人无关了。从这个意义上讲,叫嚣"我死后,哪管他洪水滔天"的路易十五是清醒的。

人间有味是清欢——苏轼的词与情

"九死南荒吾不恨",苏东坡早已打算终老海南,可是他没有"如愿"。他在有生之年赶上了又一个新皇帝继位。遇赦北归后,东坡颇觉庆幸,他自己说:"七年远谪,不自意全,万里生还,适有大幸。"可惜天不假年,也就是在这一年,他病逝于常州。

临终前,他的老友维琳方丈让他多想来生,东坡轻声答道:"西天也许有;空想前往,又有何用?""有的人死了,他还活着",不过是一种妄念而已。活着的不是这个人,也不这个人在雪地上留下的脚印,而是这些脚印在后人心中激起的一些回响罢了。不管怎样,已然梦觉的东坡大概不会希望继续活在人们心中。我们需要记住的,是曾经有这么一个人,在风雨中坦然走过一遭。他最伟大的功业,是从来没有失去自己。

身如不系舟

凤翔、杭州、密州、徐州、黄州、惠州、儋州、常州……苏轼的身后,有一长串的地名留下了他的印记。他一世坎坷,被他淡淡嘲作一句「问汝平生功业,黄州惠州儋州」。所幸,苏子放达,轻身如不系之舟,他学会与苦难安然相处,用心铭记流离中的每一道风景。

良友朱氏

不做世间闲客
——南歌子（日出西山雨）

日出西山雨，无晴又有晴。乱山深处过清明。不见彩绳花板①，细腰轻。

尽日行桑野，无人与目成②。且将新句琢琼英。我是世间闲客，此闲行。

诸葛亮初出茅庐时，博望坡一把火烧出了威名。苏轼也要走出茅庐，进入仕途了，却不知前方有没有"一战成名天下闻"的机缘。

丁母忧返京不久，苏轼便被派往陕西凤翔做通判。弟弟苏辙则留在京城陪着父亲。两个人在人生中第一次离开对方，恋恋不舍之意全在诗中：

亦知人生要有别，但恐岁月去飘忽。
寒灯相对忆畴昔，夜雨何时听萧瑟。

在凤翔这座文化古城，苏轼小试身手，也初遭挫折。年轻的士子这时还不懂世道的沉重，他固执地用旺盛的生命力泼出了几道属于自己的色彩。当你听到他吟唱"我是世间闲客，此闲行"时，切莫以为他在凤翔做了几年与世无争、得过且过的"好好先生"。苏轼在自己的诗词中做

人间有味是清欢——苏轼的词与情

了一辈子的"闲客",在现实中却从来都是个"不忍事"之人,留下了一则又一则的"不平则鸣"。他"鸣"时,多因公事,但也为私情。

凤翔府中小吏知苏轼文名、慕其风流态度,故呼之为"苏贤良"。不意苏轼的上司凤翔知府陈公弼听到之后勃然大怒,"一个判官而已,有何贤良",竟把小吏杖打一顿。陈公弼并非嫉贤妒能的恶官,只是平素律人律己皆严,且向来不苟言笑。但苏轼与他的梁子自此便结下了。

后来苏轼写一些《府斋醮祷祈》之类无关痛痒的小文,陈公弼也总是挑刺,一次一次地要求改写。到了中秋节,与上司素来不睦的苏轼借故不去拜谒,而跑去庙里看《石鼓文》、写《石鼓歌》,结果被知府处分,罚铜十斤。

苏轼心中当然有气,但一直隐而未发,他在等待一个报复的机会。机会终于来了,一次陈公弼在家中建了一个亭台,名唤"凌虚台",要立一块碑,点名要苏轼来写碑文。苏轼写好呈上:

> 其东则秦穆之祈年、橐泉也,其南则汉武之长杨,五柞,而其北则隋之仁寿,唐之九成也。计其一时之盛,宏杰诡丽,坚固而不可动者,岂特百倍于台而已哉?然而数世之后,欲求其仿佛,而破瓦颓垣,无复存者,既已化为禾黍荆丘墟陇亩矣,而况于此台欤!夫台犹不足恃以长久,而况于人事之得丧,忽往而忽来者欤!而或者欲以夸世而自足,则过矣。(《凌虚台记》节选)

陈公弼立碑刻文之意,原不过为新建的亭台寻点场面话、吉利语,苏轼却大发"兴亡衰替"的牢骚,以历朝历代的"破瓦颓垣"教训起知府来。写出"欲以夸世而自足"这样的话,简直是目无长上、妄自尊大。苏轼的本意是逗一逗知府,出口恶气,做好了打回重写的准备。他呈上碑文后,志忑着等待"迂老头"大发雷霆。但他没有想到,陈公弼看到碑文之后,却命令一字不改,照原文刻在了碑上。他更没有想到,后人竟把《凌虚台记》当做古文中的范本来学习、朗诵。

当年,陈公弼还当场说了一番话:"我待苏洵如子,待苏轼如孙,平素之所以不假辞色,是因他年少暴得大名,怕他满不自胜,所以有意抑损。苏轼竟然真的生我的气了。"苏轼自此方知陈公弼的良苦用心,在日后为陈公弼写传时,袒露道:"轼官凤翔,实从公二年。方是时年少气盛,愚不更事,屡与公争议,至形于颜色,已而悔之。"

苏轼与陈公弼之争,意气使然,不足为训。后人鉴之,当谅陈公弼之宽厚,戒苏轼之虚骄。苏轼性情却由此暴露无遗。他有气必争,有仇必报,逞机巧、炫辩才,使看客酣畅淋漓,令亲友胆战心惊。反正,他不愿做一个闲客。不得不说,他的"争"也是他多年后在政坛上失败的诱因。

苏轼的智力和精力若全用在同僚之间的意气之争上,也就不能称其为苏轼了。世人往往不假思索地以为,为公事而争与为私情而争是两码事,一个人只能顾其一,却不知道,委曲求全惯了的人,会淡漠"不平则鸣"的本性,关键时刻往往成了乡愿。

在凤翔,苏轼便为民利"争"了几次。

凤翔一带每年要砍伐上好竹木,编成竹筏、木筏,从渭河入黄河,给京城开封送去。官府要求每年运送竹木的时间就在河水暴涨之时。因此,每到运送竹木的季节河中经常发生颠覆事故,水工淹死无数。苏轼得知后深感痛心,于是建议修订衙规,准许"自择水工,以时进止";苏轼还多次呼吁官府把垄断经营的茶、盐、酒等货物开放,不要夺民之利;他还呼吁免除凤翔百姓欠官府的不合理债务,当时朝廷已有赦免债务的诏书,但地方官员却故意违逆,于是他愤而上书:"天下之人以为言出而

人间有味是清欢——苏轼的词与情

莫敢逆者,莫若天子之诏书也。今诏书且已许之,而三司之曹吏独不许,是犹可忍也?"

苏轼自己说,若遇不平不快之事,则"如食中有蝇,吐之乃已"。他可以做雅客、俗客、诗客、词客、酒客、农客,却唯独做不成闲客。东坡钟情于山水、古迹、名玩,却也勇于任事。他不愿做繁琐呆板的官僚,却乐于做察民情、发民声的士大夫。他的政治宣言中,浪漫情怀多于可行性建议,但赤诚之心却天真无瑕。

注释:

①彩绳花板:指打秋千的游戏。宋洪觉范《秋千》诗:"花板润沾红杏雨,彩绳斜挂绿杨烟。"

②目成:两心相悦,以目传情。

亲射虎，看苏郎
——江城子·密州出猎（老夫聊发少年狂）

老夫聊发少年狂，左牵黄，右擎苍。锦帽貂裘、千骑卷平冈。为报倾城随太守，亲射虎，看孙郎。

酒酣胸胆尚开张，鬓微霜，又何妨。持节云中、何日遣冯唐？会挽雕弓如满月，西北望，射天狼。

苏轼是个书生，温文尔雅，对《诗》、《书》、《礼》、《乐》是行家里手，诗词歌赋是家常便饭，但绝不会把他和"弯弓射大雕"的壮士联系起来。这一次，是苏轼自己给自己塑造了一个英雄好汉的形象。它不是文人的英雄梦，而是实有发生的真事。

宋神宗熙宁八年（公元1075年），东坡任密州知州。当时，密州大旱，苏轼率众前往附近的常山祈雨，后果得雨，于是又一次去常山祭谢。归程途中，绕道常山东南的黄茅冈习射会猎，参与这次狩猎的还有同官梅户曹。这次打猎所获甚多，苏轼十分振奋喜悦。

兴奋之余的苏轼不光写了《江城子·密州出猎》这"史上第一首"豪放词，还作了一首诗——《祭常山回小猎》：

青盖前头点皂旗，黄茅冈下出长围。
弄风骄马跑空立，趁兔苍鹰掠地飞。

人间有味是清欢——苏轼的词与情

回望白云生翠巘,归来红叶满征衣。

圣明若用西凉簿,白羽犹能效一挥。

将一词和一诗结合来读,我们能看到更完整的盛况。事实上苏轼是先写的诗,觉得意犹未尽,然后才创作了《江城子·密州出猎》。但后人广为传颂的却是这首词。诗词的命运像诗人的命运一样难测。

自称"老夫"的苏轼在这一年近四十岁,正是年富力强之时,苏轼却自称"老夫",是不是他宦海浮沉已身心疲惫?

打猎的队伍千骑呼啸,席卷平冈。广袤的围场内,呼鹰策马,箭镞纷飞,紧张而热烈。健马奔跑,如龙一般,带着阵阵疾风。苍鹰为了追逐狡兔,掠地低飞,几乎擦到了草尖。城中百姓听闻太守田猎的壮举,于是倾城而出,蜂拥至黄茅冈前。正在兴头上的太守,看着密密麻麻的围观者,豪情更增,心中暗暗下劲,一定不要负满城父老的信任。说时迟,那时快,只见一头猛虎向苏轼的坐骑猛扑过来。苏轼拈弓搭箭,瞄准那猛虎的前额,只听,嗖——

对历史典籍熟稔于心的苏轼心想,自己此时的风采定然不输三国的孙权。孙权曾被他的敌人曹操赞赏——"生子当如孙仲谋"。孙仲谋自幼文武双全,早年随父兄征战天下。某次征战归来途中,在庱亭乘马射杀猛虎。不过如果看史书的详细记载,故事没有那么干脆利落。孙权射虎之后,受伤的老虎把孙权骑的马伤了,跌落地上的孙权将"双戟"向虎投去,老虎倒退,然后在一位随从的协助下,把这头虎俘获了。

也许苏轼在黄茅冈打猎时并未真的射杀过老虎,但亦足见猎手意气风发。他有此本事,应当去战场杀敌,报效国家。此时,堂堂大宋正在被西夏这个蕞尔小国欺侮。熙宁三年,西夏大举进攻环、庆二州,熙宁四年占抚宁诸城。

谁说文人不能征战?在"五胡乱华"的南北朝乱世,西凉主簿谢艾就曾"白马辎车破麻胡",打破了"百无一用是书生"的谬见。谢艾本是一名儒生,西凉又国小兵寡,但谢艾如韩信再生,曾三次大败中原来的胡族大军。谢艾临阵时"乘辎车,戴白蔹",一副儒生打扮,但并不妨碍他屡建奇功。

《乌台诗案》记了苏轼自己对"圣明若用西凉簿,白羽犹能效一挥"两句的解释:"意取西凉主簿谢艾事。艾本书生也,善能用兵,故以此自比。若用轼为将,亦不减谢艾也。"苏轼的确是想去西北战场杀敌报国。但是,"持节云中,何日遣冯唐"?

汉文帝时云中太守魏尚抗击匈奴有功,但因报功不实,获罪削职。后来文帝听了冯唐的话,派冯唐持节去赦免魏尚,仍叫他当云中太守。苏轼是以无辜被贬的魏尚自比,隐晦地表达朝廷对自己的忽视和不公。他盼着"冯唐"持节来密州,带来让他再书"谢艾"传奇的机会。尽管心有不甘,但此时的苏轼仍是豪情满怀:会挽雕弓如满月,西北望,射天狼。

苏轼对这首词很是惜重,他致书友人说:"近却颇作小词,虽无柳七郎风味,亦自是一家,呵呵。"他意识到自己已经在柳永"杨柳岸,晓风残月"的词风之外另立格局。

苏轼之前的词都是婉约词,但却并无"婉约"之称。本来,词就是花间月下、倚红偎翠的点缀。直到苏轼开创出豪放词,之前的词才有了"婉约"的正名。

虽说有词评家论词至东坡,其体始尊。但亦有人不买苏轼的账。李清照就觉着东坡词是"句读不葺之诗",读来"往往不协音律",不符合词的本色。《后山诗话》的作者陈师道也讥笑苏轼"以诗为词","虽极天下之工,要非本色"。可是东坡词当真不能歌么?当然不是,东坡词亦可歌,只是换了一种格调。

《江城子·密州出猎》是苏轼最早的一首豪放词,作出之后,苏轼招来多名山东大汉，让他们"抵掌顿足而歌之"，与世俗常见的十七八女孩手中的红牙板不同，苏轼选用的伴奏是"吹笛击鼓"，其效果是"颇壮观也"。壮观之歌不是歌？

不忍轻别是徐州
——江城子·别徐州（天涯流落）

　　天涯流落思无穷，既相逢，却匆匆。携手佳人，和泪折残红。为问东风余几许？春纵在，与谁同。
　　隋堤①三月水溶溶，背归鸿，去吴中。回首彭城，清泗与淮通。欲寄相思千点泪，流不到，楚江东。

　　东坡自熙宁四年出京后，便成了一只流落天涯的孤鸿。杭州三年、密州两年、徐州两年，刚刚熟悉一方水土、结识一方朋友，就要忍痛分离，赶往命运安排的下一站。现在又到了与徐州告别的时候。这是孤鸿的命运，不得违、不得怨，纵痛如刀绞也仅有哀鸣几声的权利。可是东坡的几声哀鸣，竟能穿越千年，勾出你我心中的凄凄恻恻。
　　之前的几次"分手"经验让东坡对整个流程都熟稔起来，宴席、赋诗、折柳、道别，但这丝毫没有缓解楚楚离情对内心的撕扯。他自己说，对徐州是"乐其风土，将去不忍"。两年的时间，说长不长，说短不短，可错就错在他掬了一把徐州的热土铺在心头，又从泗水中舀起一瓢清澈，从此依恋的种子悄悄发芽。他甚至打算退休之后要买田于泗水之上，终老徐州。
　　相逢既晚，离去却匆匆。当时有多美好，现在便有多残忍。

73

人间有味是清欢——苏轼的词与情

携手佳人。这里的佳人不是东坡相好，而是官伎。在唐宋时代，地方长官赴任离任时由官伎为之导路是官场惯例。这是唐宋风流的注脚，朝廷也从不会觉得红粉佳人的出现有伤风化。经元明杀伐之世，这一习俗逐渐式微，到了风流消散、一派肃穆的清朝，更是被悬为厉禁。

但在当时，美人姣好，折花相赠。春已晚，花凋残。残红不悲，最悲是离人泪。泪与花相照，泪犹残红，残红溅泪。问东君，春色还有几许？问也是白问，剩多剩少又有什么关系？无人相伴，无情可寄，徒增烦恼罢了。

东坡不忍别徐州，徐州亦不忍别东坡。当东坡离任徐州时，悲戚呜咽的管弦漫笼全城，无数吏民攀辕挽留，情词恳切。人们纷纷"洗盏拜马前，请寿使君公"，说得最多的话是"前年无使君，鱼鳖化儿童"。苏轼抗击洪水之功，永远不会被徐州父老遗忘。

两年前苏轼刚到徐州就任，民情还未熟悉，洪水后脚就跟到了。黄河在徐州以北五十里处突然决堤，水势向东南蔓延，水淹四十五个州县，三十万顷良田。洪水很快就到了徐州城边，水势被城南的高山阻遏，在城下汇集。水面不断抬升，达到二丈八尺，一度超过了徐州城内的街道。

徐州城危如累卵！苏轼率领吏民全力抢救城池。让情况更糟糕的是，当此存亡之际，富有之家纷纷逃难。若听任富民逃走，势必人心惶惶，徐州城就更保不住了。苏轼赶到城外拦住逃难者，把他们赶回城里，并当众立誓："吾在是，水决不能败城！"苏轼的镇定和坚决，稳住了整整一座城池的心。

于是，苏轼穿草鞋、拄手杖，从泥水里跋涉过去，亲身来到军营向官兵喊话："河将害城，事急矣，虽禁军，宜为我尽力。"官兵们感佩不已，慨然允诺，加入筑堤保城的大军。

雨水日夜不止，心急如焚的苏轼直接住在城上，往来奔走也"过家门不入"。在最危急的时刻,洪水离堤岸只有"三板"。最后洪水退去,朝廷下诏褒奖苏轼。虽然苏轼谦称"水来非吾过,去亦非吾功",但徐州父老明白,当时若无苏轼,徐州人恐怕都成了"鱼鳖"。

万恶的洪水无意中做了一件好事,就是升华了东坡与徐州百姓的情谊。生死与共的下一步就是患难之交。东坡可以在徐州"敲门试问野人家"讨茶喝,徐州的年轻女子也会"旋抹红妆看使君"。

苏轼对徐州的山川地理、风土人情作过详细考察,从内心里爱上了这个自古多豪杰的地方,博取杂收的他还学过本地的方言土语。如果说苏杭的特点是温柔富贵,那么徐州的迷人之处在于能令人拍手大笑、兴奋发狂。且看苏轼《登云龙山》:

> 醉中走上黄茅冈,满冈乱石如群羊。
> 冈头醉倒石作床,仰看白云天茫茫。
> 歌声落谷秋风长,路人举首东南望,拍手大笑使君狂。

乐则乐矣,已成过往。水流溶溶,杨柳依依,被离愁障目的诗人看每一样景物都情意无限。可它们哪一个又真正懂得诗人的心思呢?昔来徐州,杨柳依依;今别徐州,杨柳还是依依。

天上一排鸿雁正往北飞,头朝家的方向奋力展翅,而东坡却要走与它们相反的方向。一为归家,一为流落;一自做主,一听安排。好一番凄凉的对比。

走走停停,步子慢一分,离别的过程就长一点。拉长离别过程是一种折磨,但总好过戛然而别,连一点余温都存不下。眼见回首已望不到徐州城了,东坡又发现一件遗憾的事:徐州的泗水只与淮河相通,流不到自己将要去的湖州。徐州故人若想要寄"千点相思泪"过来,都没有办法。

人间有味是清欢——苏轼的词与情

当你恋上一个人，你会拼命寻找与她相同或相似之处，家乡、经历、名字、生日……再细微的巧合都会让人兴奋，再细微的不合都会让人失落。当你恋上一个地方，这个症状同样会发作，这正是东坡为"流不到，楚江东"而失落的原因。

苏轼是一个"既来之，则安之，既安之，则爱之"的人。他一生爱过许多地方：杭州、徐州、黄州、汝州、惠州、儋州……他中意的养老之地，也不止徐州一处。这是一种恋旧的情节在作祟。而一个人之所以恋旧，是因为"旧"有他的付出、他的经营、他的期冀。苏轼不管到哪里，都从不敷衍自己与这个地方的缘分，他总是那么乐此不疲。所以一圈走下来，每个地方都值得他留恋、回忆。

注释：

①隋堤：隋炀帝大业年间，开通济渠，沿渠筑堤，并植杨柳，后人称为隋堤。

寂寞沙洲冷
——卜算子·黄州定慧院寓居作（缺月挂疏桐）

　　缺月挂疏桐。漏断①人初静。谁见幽人独往来，缥缈孤鸿影。
　　惊起却回头，有恨无人省。拣尽寒枝不肯栖，寂寞沙洲冷。

　　定慧院是苏轼在贬所黄州的第一处寓所。在这首词里，写了一人一鸟。上阕写孤鸿见幽人，下阕写幽人见孤鸿。只有了解苏轼写作此词时的处境，才能明白，词中人即飞鸿，飞鸿即人。那是一场风暴刚刚过去，侥幸逃过一劫的苏轼惊魂未定，心有余悸。

　　在那场后来被称为"乌台诗案"的文字狱中，李定、舒亶等新党御史摘取苏轼一封谢恩表和众多诗词中的语句，以诽谤新政的罪名逮捕了苏轼。
　　灾祸起于《湖州谢上表》。苏轼从徐州移知湖州时，依例向神宗上表致谢，这本是官样文章，可苏轼一向疾恶如仇，遇有不平不吐不快，于是表中出现了这样的牢骚："知其生不逢时，难以追陪新进；查其老不生事，或可牧养小民。"意思是说：我自知生不逢时，无缘跟你们这些新进的政治暴发户共事；朝廷大概是看我年纪大了，在下面也兴不起什么风浪，才派我去管管小民。于是，他"讥讽朝廷"的帽子就被扣上了。

一干宵小深文周纳、罗织罪名，意图置这位常令他们如芒在背的舆论领袖于死地。苏轼一贯反对新法，但此时新党炙手可热，原来的反对派都已退居各地、默不作声，唯有苏轼仍然不时发出反对之声，屡屡在诗文中对所见新法弊端表达不满。众人装睡，一人独醒，醒着便是罪过。

苏轼在湖州太守任上被逮捕。面对气势汹汹的官差，苏轼心慌意乱，不知所措，藏在屋里不敢出来。经同僚劝说出来之后，他做了最坏的打算，向官差自言："轼多方开罪朝廷，必属死罪无疑。"在被押送进京的途中，他甚至想过跳水自杀，由于担心把灾祸转移给弟弟才作罢。到了京城，苏轼被投入御史台审判。

事已至此，苏轼的诗词、文章、书信统统成了罪证。其中有些确属讥刺时政，有些则是政敌无中生有、穿凿附会。苏轼的文字向来广为世人传诵，他巧妙而犀利的讥讽很容易变成众口相传的笑话，所以那些人才会对他如此嫉恨。他们甚至劝神宗皇帝违背"与士大夫共天下"、"不杀士大夫"的祖宗家训，处死苏轼而后快。

这件大案牵涉了苏轼三十九位亲友，一时风雨凄凄、人心惶惶。幸好神宗皇帝尚存爱才之意，以及正义之士的救援，苏轼逃过一死。最后皇帝下诏，苏轼被贬往黄州，充团练副使，但不准擅离该地，并无权签署公文。

苏轼脱了死罪，无疑令他的政敌十分失望。但这场突如其来的牢狱之灾，把恐惧打入了苏轼的意识。黄州之前的苏轼，就像一只啁鸣不已的黄鹂，动听的歌喉为它引来无数赞赏，也无形中招来嫉妒和忿恨。哗啦一声电闪雷鸣，暴风雨洗刷出这世界原本的残酷面目。等待命运判决时的无助和风吹雨淋的切肤之痛，终于让他懂得了隐藏和沉默才是求全之道。

写作此词时,已是苏轼到黄州的第二年。但惊悸如蛇,始终缠绕不休。

"缺月挂疏桐",一句白描将人带入静谧幽深的夜里。漏已断、人已静,心思沉重之人独自在月下树影里徘徊。让人不禁联想到东坡几年后又一次夜里漫游:

> 元丰六年十月十二日夜,解衣欲睡,月色入户,欣然起行。念无与为乐者,遂至承天寺,寻张怀民。怀民亦未寝,相与步于中庭。庭下如积水空明,水中藻、荇交横,盖竹柏影也。何夜无月?何处无竹柏?但少闲人如吾两人者耳。(《记承天寺夜游》)

两个闲人在无名之地的"无聊"散步,竟被写得如此潇洒、隽雅,诗意盎然。读这篇小文,就像眼前有一条溪水涓涓淌过卵石,弹出清新的曲调。美,仅此而已。但解说家总要从中读出点深刻的含义,比如有人认为"闲人"包含苏轼郁郁不得志的悲凉心境。东坡不得志不假,但他若每首诗词都要对此怨念一遍,那该是怎样一个无趣的伪东坡?

东坡在承天寺夜游时有张怀民相伴,但此刻,他在定慧院深沉的夜色中,只有"孤鸿"与自己为朋。与《记承天寺夜游》的闲适相比,他此时孤寂、凄苦。他还没有学会如何与黄州安然相处。他内心的惊悸惊得起孤鸿。回想那噩梦发生的地方,宛如安静的枝头上藏着一颗惊雷。得罪皇帝,贬谪黄州"亲友绝交"、"郡中无一人识者",却又祸不单行疾病连年。

有恨,却无人省。

只见那只孤鸿在焦灼中来回飞动,希望找到一个适合自己的枝丫来栖息。但它拣尽所有的寒枝也不肯栖落,最后宁肯决绝地在冰冷的沙洲上独自飞行,也不愿降低格调,与众多凡鸟沆瀣为伍。"良禽择木而居",斯良禽也!

在监狱中度过的四个月让苏轼惊吓不已,但与牢狱之祸相比,更让他难以接受的是放弃自己的品格。事实上,出狱当天,"以诗得罪"的他就又写了两首诗,其中一首是:

> 平生文字为吾累,此去声明不厌低。
> 塞上纵归他日马,城东不斗少年鸡。

贬谪黄州可以打消苏轼"致君尧舜"的念头,让他成为不羁的塞上野马,但他绝不会与靠投机取巧赢得君王宠爱的小人为伍。后来的事实也证明,黄州的艰苦丝毫无损苏轼的高洁,只是把他的生命和诗词推向了另一个轨道。

注释:
①漏断:漏,古代用壶漏滴水作计时工具;漏断,漏壶中的水已滴尽,指夜已深。

天涯何处无芳草
——蝶恋花·春景（花褪残红）

  花褪残红青杏小。燕子飞时，绿水人家绕。枝上柳绵吹又少，天涯何处无芳草。
  墙里秋千墙外道。墙外行人，墙里佳人笑。笑渐不闻声渐悄，多情却被无情恼。

  天涯何处无芳草。没走过几处天涯，谁又有资格说这样的话？
  东坡好像在与命运斗法。命运一次次使出让他始料不及的利器，让他在陌生土地上狼狈行走，让他与亲友分离断绝，让他被暴雨淋湿又被烈日烘烤。东坡没有还击的余地，但他以风雨之中淡然的微笑回馈命运，让后世的评判者毫不犹豫地判定这个失败者是无冕之王。

  这一次考验发生在"元祐"和"绍圣"两个年号交接的年份。年号更换的背后不仅是执政者的轮换，而且是两种截然相反的政治方针的调转。驾驶舱的罗盘轻巧地调个方向，整个船体就要发生剧烈的震荡。
  元祐八年（公元1093年），厌弃新法的太皇太后高氏驾崩。这个女人给东坡和旧党带来了八年的好运。她死后，长期生活在祖母阴影下的年轻皇帝哲宗亲政。新党利用了这位幼主的轻率与鲁莽，全面恢复了神宗时已不得民心的新法。随着章惇、曾布等小人被召回和重用，厄运很快降临到元祐时期掌权的大臣身上。

章惇是东坡的昔日好友。有一次两个人一起旅行，遇到一道万仞之深的涧谷，只有一条横木为桥，章惇要东坡走过去在悬崖上题字，东坡不敢，章惇却不动颜色地走过去，从容地在壁上写下："章惇苏轼来游"，然后走回来。

事后，东坡半是开玩笑说："子厚（章惇字）必能杀人！"章惇问为什么，东坡答："连身家性命都不要的人，还怕杀人吗？"章惇大笑。没想到一语成谶，章惇后来果然成为一个暴戾凶狠之徒。章惇拜相后，这位连身家性命都不要的人，对东坡总算有些"仁慈"的"回报"：他只是将东坡变成了被贬谪到岭南的第一人。

东坡先是在元祐八年自请出京去了定州，哲宗改号"绍圣"后，他因"讥斥先朝"被贬岭南。他先是被调任英州太守，然后不断接到追加的贬抑，最后他流落惠州。一道道冷酷的圣旨来势汹汹，敌意甚重，东坡不由得心惊胆战。在寄给弟弟子由的一首词中，他写下了秋雨之下的心境。

梧桐叶上三更雨，惊破梦魂无觅处。
夜凉枕簟已知秋，更听寒蛩促机杼。

八年好梦，一朝惊散。等待他的，不再是安宁。他在梦中流连着"江亭醉歌舞"，再从那场春华梦中无奈地睁眼，看冰凉的秋雨打湿窗棂。

岭南自古以"瘴疠之乡"为人们所畏惧、逃避，也因此成为皇帝贬谪大臣的理想之地。韩愈被贬潮州途中，写诗给赶来同行的侄子孙湘，预感自己将死在这蛮荒之地："知汝远来应有意，好收吾骨瘴江边。"哀切之情，溢于言表。变故之下的惊惶是人的本能反应，纵是东坡也无法

天涯何处无芳草

避免。当他被朝廷反复无常的旨意驱使着到处奔波时，也无法决绝到在心中只留下勇敢。但东坡长于常人的地方在于，每次惊惶过后，他都能很快平复下来。经历的击打越多，恢复平静的速度越快。

在惠州住下后，他很快与这里安乐相处。

定居之后，他杜门烧香，闭目清坐。抱着"死生有命"的态度，不惊不乱，像一位入定的禅师。

他寓居在惠州嘉佑寺，有一天纵步松风林下，突然觉得足力疲乏，但亭子还在很远的地方，心想，是不是勉力走到亭子下再休息？思考良久，他突然悟到："此间有什么不得歇处！"何必非得在亭子里安歇？

想到这一点让东坡十分快活，就像挂在钩上的鱼忽得解脱，他进而想到：若人悟此，虽兵阵相接，鼓声如雷霆，进则死敌，退则死法，当什么时也不妨熟歇。

庄子说："相濡以沫，不如相忘于江湖。"但江湖又岂是所有鱼儿都有幸可得的。当被逼入狭窄的沟渠而插翅难飞时，此心安处即江湖，心闲气定则天地宽广。这便是东坡。所以他才会在来惠州的第二年，而且是"枝上柳绵吹又少"的暮春时节，非但不伤春，反而看到"天涯何处无芳草"。只是这句话不意成为后世失恋者的座右铭，大概是东坡当年没能料到的。

《蝶恋花·春景》的下阕写了墙里佳人和墙外行人的偶遇，后人对其寓意争论不休。行人从墙外经过，不经意被墙里佳人天真悦耳的笑声吸引，渐生爱慕之情，他没有"为卿一笑，抛却浮名"的痴狂，只是驻足流连。佳人不知道墙外行人的存在，笑声渐渐消失了。多情却被无情恼，多情的是行人，但墙内佳人恼人的"无情"，亦只是无心罢了。

有人说这个故事寓含着东坡的郁郁寡欢和不得意，或许这也是为什么，他那位聪慧的侍妾朝云每诵此词，都掩面惆怅，泪满沾巾。一次，东坡问她缘故，她答说，最唱不出口的，便是"枝上柳绵吹又少，天涯何处无芳草"。不料东坡听后翻然大笑。

其实东坡即使有伤春之意，又怎会至于不能自遣呢？

如果不先入为主，代东坡而悲，我们在这个故事里看到的有趣要多于落寞。为什么我们就不能认为东坡只是虚构了一个偶然发生的有趣故事，并把它用诗意的语言写了出来？为什么东坡在岭南就只能失意，且只能写自己的失意呢？最简单的解释往往是最合理的解释，东坡没有悲，可是后人争相替他悲，竞相忘却他那"日啖荔枝三百颗，不辞长作岭南人"的潇洒。

东坡情何以堪。

东坡在给朋友的信中说，北归无望，不如干脆以惠州人自居。他心中是安宁的，不需要强辞安慰，只当原来就是一个惠州秀才，只是累举不第而已。

有这样的心境，天涯何处无芳草？

身如不系之舟
——千秋岁·次韵少游（岛外天边）

  岛外天边，未老身先退。珠泪溅，丹衷碎。声摇苍玉佩，色重黄金带。一万里，斜阳正与长安对。
  道远谁云会，罪大天能盖。君命重，臣节在。新恩犹可觊，旧学终难改。吾已矣，乘桴且恁浮于海。

  章惇认为，东坡在岭南的日子意外的闲适。他这样想，是因为他听到了东坡写的两句诗："为报诗人春睡足，道人轻打五更钟"。这位以前的好友、如今的政敌竟然过得这么舒服，于是章惇妙手一动，颁发了新的贬谪命令。于是东坡匆忙赶往下一站——儋州。
  日后东坡从海外归来后，在金山寺看到好友李公麟为自己画的像后，题诗一首：

  心似已灰之木，身如不系之舟。
  问汝平生功业，黄州惠州儋州。

  黄州，惠州，儋州，这是他依次被贬谪的地方。在这些地方，东坡以罪人之身过着凄凄惶惶的日子，当时的儋州更是蛮荒，"食无肉，病无药，居无室，出无友，冬无炭，夏无寒泉"，生活且不可保，又有何功业

人间有味是清欢——苏轼的词与情

可言？

《自题金山画像》是东坡遇赦北归后作，而在南渡之前他还没有身如不系舟的洒脱。当时的他，只觉"某垂老投荒，无复生还之望。春与长子迈诀，已处置后世矣。今到海南，首当作棺，次便做墓。仍留手疏与诸子，死即葬于海外，生不契棺，死不扶柩，此亦东坡之家风也"。

"生不契棺，死不扶柩"的旷达，遮不住他视渡海若赴死的悲戚。功业二字，是万万不想的。他把平生功业统统归入黄州惠州儋州，或许只是风雨过后对苦难经历的有意美化和自嘲。

苏轼的"功业"在世人心中不是功名，更多的是指诗词文章、书法绘画。黄州惠州儋州每次贬谪都是东坡在文学上的丰收季。黄州是最显眼的例子，如果没有"乌台诗案"的打击，如果没有躬耕东坡的艰辛，我们难以想象，苏轼会写出《前赤壁赋》、《后赤壁赋》、《念奴娇·赤壁怀古》这样的天才之作。官场上的围剿，造就了文化上的突围。

他得意时的作品，虽也工致新巧，但就像糖水只有甜味一样，你只能夸他有才；而失意时的作品，字字句句都能入心，朗之有声，思之有味，如茶香绵长。苦难成就文艺，就像苦寒之于梅香，磨砺之于剑锋。

文人和艺术家的命运似乎被下了魔咒，可以惊人传世的佳作与美满富足的生活不能兼得。司马迁早就观察到：

> 文王拘而演《周易》；仲尼厄而作《春秋》；屈原放逐，乃赋《离骚》；左丘失明，厥有《国语》；孙子膑脚，《兵法》修列；不韦迁蜀，世传《吕览》；韩非囚秦，《说难》、《孤愤》；《诗》三百篇，大抵圣贤发愤之所为作也。

所以有人说，对想要摘星星的孩子来说，漂泊是他们的必修课。

身如不系之舟

悲观地看，写作容易导致穷困。乐观地看，当文人难以为生时，正是他享受生命赐予的最佳时机。人的生命气象，会在苦难中放大。这大概是"施与"他们苦难的人不曾想到的。

古代文人的痛苦多来自不可抵抗的命运，每次权力的交替都伴随着一批人的沉浮荣辱。现代许多文人，看起来则像是主动去寻找痛苦、迎接痛苦，甚至制造痛苦。

没人会想到才华横溢的海子会在自己25岁那天，卧轨自杀。两个月前，他还写了洒满阳光味道的《面朝大海，春暖花开》。"从明天起，做一个幸福的人"。在火车压过身体的那一刹那，海子是不是一个幸福的人呢？有人说，是。

经过精心的天才策划，他在自杀中完成了其最纯粹的生命言说和最后的伟大诗篇，或者说，完成了他的死亡歌谣和死亡绝唱。把死亡写成诗歌的人，一定是幸福的，幸福得那么残忍，那么孤独。

东坡自矜的"功业"，一定是后人看来光芒万丈的文名？东坡必定也知道，他的名字将书于丹青、流芳后世。他早已领略过众多崇拜者的热情。

那时东坡在京城做翰林学士，夜里经常在宫中值班。当时，有个人勤于搜求东坡的字，若东坡的秘书将东坡所写的便条转送给他，他就给秘书十斤羊肉。东坡听说了这件事。一天，秘书说有个朋友的口信需要东坡答复，东坡就口头答复了。秘书第二次又来请求，东坡说："不是已经告诉你了吗？"秘书说："那人一定要一个书面答复。"东坡说："告诉你那位朋友，今日禁屠。"即使背负罪人的身份，他所见也尽是仰慕的眼光。但总结自己的一生时，他得意的肯定不全是文章盛名。这首东坡困守儋州时寄给"苏门四学士"之一秦观的《千秋岁》中，就有明显的线索。

"旧学终难改"，"旧学"非诗词之类的雕虫小技，而是圣人之大道。

人间有味是清欢——苏轼的词与情

"平生学道真实意,岂与穷达俱存亡。"作为一个谐趣满腹的文人,东坡是可爱的;作为一个坚守大节的士人,东坡是可敬的。

东坡早年写过一段话:

> 天下有大勇者,猝然临之而不惊,无故加之而不怒,此其所挟持者甚大,而其志甚远也。

胸有大器之人,不会被小节放倒。居无定所、食不果腹、北归无望,都算得了什么呢?"苏门四学士"中黄庭坚,理解东坡的情怀。他眼中的苏轼:

> 在天下,如太仓之一稊米;至于临大节而不可夺,则与天地相终始。

孔子说:"求仁而得仁,又何怨?"孔子还说过:"道不行,乘桴浮于海。"东坡同样是求仁得仁,同样是"道不行",于是也捡起了"乘桴浮于海"的归路。但孔子离不开鲁国,东坡同样离不开北方的那块陆地。那地上,没有奶和蜜,但承载着他终身的理想。

快哉明月夜

经过东坡的眼、笔,折射出的世界,带着一种绿色的欢欣,而不是枯萎的颓唐。东坡也在江山里发现人生的真谛,门前流水尚能西,谁道人生难再少?许多人热爱苏东坡,便是因为东坡热爱这个世界。

爱江山，不爱虚名
——行香子·过七里滩（一叶舟轻）

　　一叶舟轻，双桨鸿惊。水天清、影湛波平。鱼翻藻鉴，鹭点烟汀。过沙溪急，霜溪冷，月溪明。

　　重重似画，曲曲如屏。算当年、虚老严陵。君臣一梦，今古虚名。但远山长，云山乱，晓山青。

　　经过东坡的眼、笔，折射出的世界，常常给人一种绿色的欢欣，而不是枯萎的颓唐。东坡的江山，不是刘邦、项羽争得头破血流的江山，而是庄子"曳尾"的地方。在这里，风景不是权贵的专属，而属于每一个心中有日月的人。许多人热爱苏东坡，便是因为东坡热爱这个世界。

　　七里滩，又名七里濑，在今浙江桐庐县严陵山之西，是著名的"严陵八景"之一。长七里，江水从两山夹峙中穿流而过，下与严陵濑相接。濑，沙石上所流之急水也。熙宁六年，在杭州任通判的苏轼外出巡视富阳、新城诸地，自新城放舟而下，经七里滩、严陵濑。途中有景，景中有典故，自应有新句、新词以配之。

　　桐庐一带，山清水秀。相传，远古时有位隐姓埋名的老人，为济世救民在此采撷草药，探究药性，他结庐桐树下，有问其姓者，则指桐以示之。所以人称"桐君"，此地后来也因此得名"桐庐县"。

人间有味是清欢——苏轼的词与情

耸立如壁的两山，夹着一江春水，水面如镜。水上一只小舟，轻盈如不慎跌落水中的树叶，飘然前行。突然，舟上双桨起舞，小舟翩翩而动，犹如受惊飞起的鸿雁。水面顿时被扰乱，波纹向四方蔓延开去。轻舟远去，化成了湖面上的一处点缀。渐渐的，一切和静如初。

船头，苏轼呼吸着新鲜的空气，尽情地饱览如画江景，享受着顺水而下的舒畅自由。他的心情像词牌"行香子"的节奏一样，轻快而明亮。

这里的景色少了杭州西湖的雕琢工丽，多了些天然清秀。没有如织游人，只有长长江面上的扁舟为伴，山水却不寂寞。山自巍峨，不须攀登者的赞叹；水自清丽，不须玩赏者的吟哦。鱼在水藻间翻跃，难道不是有意在秀身姿？而在烟雾迷蒙的水边，白鹭时飞时落，轻灵而优雅地触水即离。山水有此良伴，自是别具闲雅。

诗词常常离不开水，诗人亦多爱水，因为水和诗具有同样的特质：不知源流但有形有韵，澄澈清冽而有滋有味。

七里滩有沙溪、霜溪、月溪，苏轼说，"沙溪急，霜溪冷，月溪明"，一段湍急、一段冷冽、一段明亮。"重重似画，曲曲如屏"，缠绵回转的音韵也言不尽这层层叠叠的画屏。天工作画屏，一传千万年。世世享用，不枯不竭，让苏轼不禁生发出怀古幽情。

七里滩往下便是严陵濑。"严陵濑"之得名，是因为史上最著名的隐士之一严子陵曾在这里垂钓。严陵即严光，两汉交际时人，字子陵，省称严陵。严子陵成名甚早，史书称"少有高名"，与后来复兴汉室的光武帝刘秀是同学。刘秀称帝后，严子陵非但不去攀附，反而隐姓埋名，悠游于山野林泉之间。

求名者难得名，求隐者难得隐，世事总是这样吊诡。光武帝偏偏认定了这位老同学是个"大贤"，非把他征召出来做官不可，于是派人到处寻访。几年后终于有了消息，齐国上书说，发现有个人披着羊皮在某地水边钓鱼。光武帝马上派人带着聘礼，备了车子去请，由于严子陵的拒绝，使者接连请了三次。

后来，皇帝亲自写信，言辞恳切地说："朕何敢臣子陵哉。惟此鸿业若涉春冰，辟之疮疮须杖而行。若绮里不少高皇，奈何子陵少朕也。"他不求子陵臣服，实在是治理天下的担子太重，他如履薄冰。严子陵不得已出山去了洛阳。

人在京都心在野。到了京城的严子陵照旧一副傲骨，不肯低就治理天下的冗务，整日高卧不起。皇帝亲自看望，他照睡不误。逼急了他就跟皇帝讲大道理，说当年尧帝让位给巢父、许由，他们不光拒绝，甚至还煞有介事地去清洗被"污染"的耳朵，人各有志，奈何强求。

有一次，刘秀与严子陵一张床睡觉，严子陵丝毫无忌，夜里竟把脚伸到皇帝肚子上。结果第二天负责观察天象的太史报称"客星犯帝座甚急"。

最终，这只野性难驯的麋鹿终于还是回到了荒野，在富春山躬耕垂钓。于是富春烟雨中，一蓑一笠一人。

苏东坡少年时的偶像北宋名臣范仲淹任睦州知州时，在桐庐富春江严陵濑旁建了钓台和子陵祠，并写了一篇《严先生祠堂记》，赞扬他"云山苍苍，江水泱泱，先生之风，山高水长"。严子陵固然高风亮节，但若没有光武帝的优容宏量，也难以想象他会有什么样的下场。因而范仲淹将君臣二人并举："先生之心，出乎日月之上；光武之量，包乎天地之外。微先生不能成光武之大，微光武，岂能遂先生之高哉？"

严子陵辞掉官职，以布衣终老，但他的名声反而更大了。后来多少真真假假的隐士都打着学习严子陵的旗号。而且后来者模仿严子陵未必出于淡泊名利，唐人韩偓有诗云："时人未会严陵志，不钓鲈鱼只钓名"。

苏轼称严子陵为"虚老"，当然不是讥讽他隐逸之心不真，而是遗憾

人间有味是清欢——苏轼的词与情

他只顾着辞官,而没有领略到山水佳处。爱才心切、故作姿态的帝王,和护惜羽毛、坚决不仕的隐士,早已如烟云一样消失,只留下一对空名。苏轼望着群山,只见远山连绵不见尽头,白云缭乱变化万端,晨曦晓色青翠欲滴……只有这水光山色,才最值得用心。

遥想公瑾当年
——念奴娇·赤壁怀古（大江东去）

  大江东去，浪淘尽、千古风流人物。故垒西边，人道是、三国周郎赤壁。乱石穿空，惊涛拍岸，卷起千堆雪。江山如画，一时多少豪杰。

  遥想公瑾当年，小乔初嫁了，雄姿英发。羽扇纶巾，谈笑间、樯橹灰飞烟灭。故国神游，多情应笑我、早生华发。人生如梦，一樽还酹①江月。

都说苏轼不屑柳永，不过，苏轼或许真正把这柳永放在心上。否则，豪兴如他，又怎会愿意将自己的词与柳永的相比？有一次他问一位善歌的幕士，自己的词和柳永的词相比怎么样？这位幕士答得极妙："柳郎中词，只好十七八女孩儿执红牙拍板，唱'杨柳岸晓风残月'。学士词，须关西大汉，执铁板，唱'大江东去'。"什么婉约什么豪放，都在这"红牙拍板"与"关西铁板"之中了。

幕士见地不输词评家，那"大江东去"诚是苏词中杰出之作。后来多少人，因这"大江东去"见识了东坡雄健的笔力。词中的"呢喃儿女语"也随着他的"大江东去"少了柔靡，终有了横槊气概与英雄本色。

填词忌重字，但正如习武时，内力雄厚之人不拘泥一招一式般，若刻意避开了重字倒显得呆板。所以，东坡的《念奴娇》中，三"江"、三

人间有味是清欢——苏轼的词与情

"人"、二"国"、二"生"、二"故"、二"如"、二"千"字,端的是高手运功时的真气流转,驱使自如,利落干脆。

赤壁之战,周瑜火烧连营,烧退曹瞒数十万兵马,保住孙吴千里江山。这大概是历史上最吸引文人目光的一场战斗了。

李白有《咏赤壁》,炽热的情感,驰骋想象,笔酣墨饱地图画出火烧赤壁的壮丽场景。

> 魏吴争斗决雌雄,赤壁楼船扫地空。
> 烈火张天照云海,周瑜曾此破曹公。

杜牧有《赤壁》,开新取巧,重写周瑜在另一个时空里的命运。

> 折戟沉沙铁未销,自将磨洗认前朝。
> 东风不与周郎便,铜雀春深锁二乔。

战争的历史意义不是诗人关心的对象,否则就不能理解无名无姓的"无定河边骨"为何会反复出现,以及地点模糊的"古战场"为何总也凭吊不完。"一将功成万骨枯"是战争的真实写照。羽扇纶巾摇出的飘逸潇洒永远是文人笔下的瑰丽,生存和死亡的残酷抉择,希望和绝望的瞬间转换才是战争的实质。浪漫仅属于遥远的观众,战场上单有血色。

"野战格斗死"是多数战士的结局,"败马号鸣向天悲"是最常见的背景音,"乌鸢啄人肠,衔飞上挂枯树枝"并非诗人危言耸听。

> 利镞穿骨,惊沙入面。主客相搏,山川震眩,声析江河,势崩雷电。至若穷阴凝闭,凛冽海隅,积雪没胫,坚冰在须,鸷鸟休巢,征马踟蹰,缯纩无温,堕指裂肤。当此苦寒,天假

遥想公瑾当年

强胡,凭陵杀气,以相翦屠。径截辎重,横攻士卒。都尉新降,将军覆没。尸填巨港之岸,血满长城之窟。无贵无贱,同为枯骨。(李华《吊古战场文》节选)

枯骨无言,唯有哀嚎的北风在转述遥远的呐喊。兵者凶器也,圣人不得已而用之。可惜太多自以为是圣人的君王将相,寻找到太多的"不得已",把一批又一批"春闺梦里人"无情地投去冰冷的无定河边。因此诗人才质疑,"年年战骨埋荒外,空见蒲桃入汉家"究竟意义何在。但诗人对战争的态度又是复杂的。因为战争的宏伟瑰丽能到达诗人想象力难以企及的地方。千千万万鲜活的生命燃烧成绚烂的烟火,让诗人不仅看到了残忍,也看到了一种极致的美丽。

如果时代隔得够远,他们兴许会选择忽略残忍,只留心美丽。

如果战争的主角是风流倜傥的周郎,如果战场是在风景如画的赤壁,诗人便更乐于闭上那只看到真相的眼。

所以,备战的紧张、战机的千钧一发、火焰冲天的惨烈,只化成一句轻描淡写的"谈笑间、樯橹灰飞烟灭"。苏轼非不珍视生命的人。主政一方时,他多有爱民之举,僻居黄州,他也热心废除当地的弃婴陋习。如果因这一句"谈笑"便责备他的残忍,那么自称"十步杀一人,千里不留行"的李白更是罪无可赦;"笑谈渴饮匈奴血,壮志饥餐胡虏肉"的岳飞竟也成杀人如麻的恶魔。如果对苏轼的责备可以成立,那么所有慷慨激昂的边塞诗人都是嗜血的狂徒。

亦凄惨,亦风流,这是战争的两个面相。凄惨,故诗人反战;风流,故诗人赞美战争。他把"葡萄美酒夜光杯"端呈上来,"醉卧沙场"给你看,然后若无其事地来一句"古来征战几人回",征战就像去参加派对一样,刀光剑影的厮杀成了这场派对的模糊背景。

即使出现刀剑也无妨。卢纶《塞下曲》:"月黑雁飞高,单于夜遁逃。

欲将轻骑逐，大雪满弓刀。"雪夜追敌的行动，未现奔马，未现格斗，弓刀上覆盖了大雪，就显得不像杀人的凶器，而更像一道风景。

除了战争本身释放的魅力之外，建功立业的志向也是促使诗人们忽视战争残忍之处的原因。"了却君王天下事，赢得生前身后名"，不止是辛弃疾的愿望。东坡在密州打猎时就曾发过"西北望，射天狼"的誓愿。赤壁重游，遥想公瑾当年，字里行间都可以看出东坡是以周瑜自况。对赤壁之战的缅怀，还暗含了东坡对北宋边庭战事的关切。堂堂大宋，竟屡屡败北于蕞尔小国西夏，不能不让人怀念周瑜以少胜多的壮举。

东坡有报效疆场之志，却壮怀难酬。他或许知道，即使有机会，他也没有上场杀敌的本事。东坡是文人的命，终究做不了文武双全的周郎。他意识到了自己的"多情"，意识到了人间如梦。"一樽还酹江月"，东坡酒下的是对周郎梦的不舍。

注释：
①酹：洒酒于地，表示祭奠。

我欲醉眠芳草
——西江月（野照弥弥浅浪）

春夜行蕲水中，过酒家饮。酒醉，乘月至一溪桥上，解鞍曲肱少休。及觉已晓，乱山葱茏，不谓人世也。书此词桥柱上。

野照弥弥①浅浪，横空隐隐层霄。障泥②未解玉骢③骄，我欲醉眠芳草。

可惜一溪明月，莫教踏碎琼瑶。解鞍欹枕绿杨桥，杜宇一声春晓。

黄州是个闭塞贫瘠的小城，但东坡倒是难得闲逸。在田地已然播种，金钱衣食暂时无忧之后，东坡开始享受每一天淡泊而富足的日子。清风明月不用一钱买，诗人敏感的想象把每个闲暇都涂得摇曳生姿。

最让东坡得意的，是这里的村野乡夫并不知道他是大名鼎鼎的苏学士。他放浪山水间，与渔樵杂处，有时被醉汉推倒，或遭粗语相骂。东坡非不生气，反"自喜渐不为人识"。他脱去标志着文人身份的长袍和方巾，改穿农人的短褂。醉了，随便找块草地倒下便睡。直到暮色沉沉，好心的路人把他叫醒，才晃晃悠悠地走回家去，边走边唱：

月明兮星稀，迎余往兮饯余归。

人间有味是清欢——苏轼的词与情

　　岁既晏兮草木腓。归来归来兮，
　　黄泥不可以久嬉。

　　早晨出门，月明星稀，晚上回家，还是月明星稀。星星和月亮，都成了他忠实的伙伴。岁月平静，草木枯萎。乘兴而出，兴尽而归。

　　东坡有时夜里也出去游玩。这是一个春天的夜晚，凉风如水，东坡兴致突起，独自骑马游蕲水。见江边有个酒家，便下马进去喝酒。酒足饭饱，看月色明亮，便乘月色来到一座小桥。正待赏月观水，酒力发作，东坡渐觉眼睛发涩，身体摇晃欲坠。于是趁着最后一丝清醒，下马解鞍，曲肱而卧，准备小憩一下。

　　曲肱，以臂作枕是也。孔子说："饭疏食，饮水，曲肱而枕之，乐亦在其中矣。不义而富且贵，于我如浮云。"《吕氏春秋·慎人篇》说，上古的得道之人，"穷亦乐，达亦乐。所乐非穷、达也，道得于此，则穷、达一也"。快乐与哀愁，跟显贵与否无关。孔子就是《吕氏春秋》所说的得道之人。孔子本身对生活十分讲究，"食不厌精，脍不厌细"，但如果不能以正当方式获得财富和官位，那么吃粗粮、喝生水、弯起胳膊作枕头，也能让他快乐自在。

　　曲肱卧于溪桥之上的东坡，来不及想太多便昏昏睡去，用酣甜的梦去实践孔子的快乐法门。

　　本打算小憩，但一觉醒来，东坡发现已晓色朦胧。太阳还没出来，但满山的葱茏树木已清晰可辨。回想起昨夜之游，看着眼前的青山，东坡直觉身不在尘世，于是提笔在桥柱上写下这首《西江月》。

　　东坡用浪漫的笔调重塑了醉卧溪桥的记忆。他不说自己不胜酒力，一时困倦便在桥上睡着，而是从一溪明月说起。春来水涨，满满溢溢的蕲水载着一溪明月，煞是玲珑可爱，却也轻薄易碎。东坡生怕马蹄声惊碎了溪中的琼瑶，所以才下马、轻步，干脆在绿杨桥上悄悄地睡去了。

只有睡去,才不打扰夜的美好和宁静。

他在黄州的行迹越来越像流浪汉了,随处而醉,随处而眠。但流浪汉最在乎的不是美酒佳肴,而是前方的风景。风雨也罢,颠簸也罢,只要有远方,他们就有前进的动力。溪水明月对东坡的吸引,当不异于三毛梦里的橄榄树:

> 不要问我从哪里来
> 我的故乡在远方
> 为什么流浪
> 流浪远方流浪
> 为了天空飞翔的小鸟
> 为了山间轻流的小溪
> 为了宽阔的草原
> 流浪远方流浪
> 还有还有
> 为了梦中的橄榄树
> 橄榄树
> 不要问我从哪里来
> 我的故乡在远方
> 为什么流浪为什么流浪远方
> 为了我梦中的橄榄树

生命的意义在远方。东坡没有像三毛一样离国远游,他一直被放逐在自己的国度。命运给予他的是流放,他却一次次把流放演绎成流浪。流放与流浪一字之差,但意义迥别。流放是被抛弃,被驱逐,发布命令的人不仅要折磨流放者的肉体,更想看到流放者气息奄奄、摇尾乞怜的模样。流浪则是主动地追寻,不追寻名利,不渴望宽恕,只跟随内心的指引，去看陌生的风景，去嗅新鲜的草木，去品他乡的泉水。

在世的华语作者里，最懂流浪也最懂流浪汉的，非舒国治莫属。舒国治本身就是一个流浪汉，曾在美国的公路上独自浪迹七年。回到台北后，他不做朝九晚五的工作，始终依着自己的节奏，自在闲适地喝茶、吃饭、睡觉、走路，人称"城市的晃游者"。

舒国治写过一篇《流浪的艺术》，他说："纯粹的流浪。即使有能花的钱，也不花。"他写起走路来真是内行："享受走路。不让自己轻易走累：姿态端直，轻步松肩，一边看令人激动的景，却一边呼吸平匀，不让自己高兴得加倍使身体累乏"，"走路。走一阵，停下来，站定不动，抬头看。再退后几步，再抬头"。

古人说贫而乐，孔子夸颜回"一箪食一瓢饮，不改其乐"，舒国治却说："放下这些修身念头，到外头走走，到外头站站，或许于平日心念太多之人，更好。"难道不是吗？走路，是人在宇宙中最不受羁绊的事，爱走走，爱停停，你可以用尽所有的姿势。穷途而哭的阮籍，如果每次出游不是驾车，而是走路，大概会少几分伤恸。

心在哪里，家便在哪里。于东坡，于三毛，于舒国治，于你，于我，都是如此。

注释：

①弥弥：水满貌。

②障泥：马鞯，垫在马鞍下，垂于马腹两侧，以挡泥土。

③玉骢，青白色的马。

快哉亭上快哉风
——水调歌头·快哉亭作（落日绣帘卷）

　　落日绣帘卷，亭下水连空。知君为我，新作窗户湿青红①。长记平山堂上，欹枕江南烟雨，杳杳没孤鸿。认得醉翁语，山色有无中②。

　　一千顷，都镜净，倒碧峰。忽然浪起，掀舞一叶白头翁。堪笑兰台公子③，未解庄生天籁，刚道有雌雄。一点浩然气，千里快哉风。

　　风，起于青萍之末，游于四野八荒。在春夏秋冬，风各有其态，或柔顺如水，或力拔山河，或如泣如诉，或奔腾怒吼，或萧瑟凄凉，或缠绵流畅。它可以极微细，也可以极恢弘，就像一个变化万端的精灵，常人总是难以捉摸。

　　第一个为风作赋的是宋玉，在《风赋》中他把风分为"雌"、"雄"二道。

　　雄风属于君王。在大地上形成，侵入山谷，在山洞口怒号。沿着大山前进，在松柏之下狂舞乱奔。它跨越高高的城墙，进入到深宫内宅。它吹拂花木，传散着郁郁的清香，它徘徊在桂树椒树之间，回旋在湍流急水之上。然后悠闲自在地在庭院中漫游，飘进宫殿中的帐幔。这样的雄风清凉爽快，足以治愈疾病，解除醉态，使人耳聪目明。

人间有味是清欢——苏轼的词与情

雌风属于庶人。在闭塞不通的小巷里忽然刮起，接着扬起尘土。风沙回旋翻滚，穿过孔隙，侵入门户，刮起沙砾，吹散冷灰，搅起肮脏污浊的东西，散发腐败霉烂的臭味。这样的雌风吹进贫寒人家，只会使人心烦意乱，气闷抑郁。它还带来邪气和疾病。

君与民如天地悬隔，连风的情状都如此迥异。雄风带来的是无与伦比的享受，而雌风带来的是欲哭无泪的灾殃。宋玉不是溜须拍马的无耻文人，他盛赞大王雄风，力贬庶人雌风，实为托言讽谏。但这种劝百讽一的做法，绕的圈子太大，往往把最初的目的绕丢了。楚王只会陶醉于雄风的自在中，怎会费神关心雌风肆虐的人间疾苦？

其实把风分为雌雄未尝不可，但雌雄不一定非要以君王和庶人来分。东坡的"千里快哉风"就是一股雄风，是不得意之人的得意之风。

快哉亭在黄州城南江滨，主人是张怀民。

张怀民，字梦得，宋神宗元丰六年被贬到黄州，是一个步东坡后尘的官场落魄人。到黄州之后，张怀民与东坡结识，两个天涯沦落人相晤甚欢。怀民筑亭，东坡命名为"快哉亭"。东坡的弟弟苏辙专门作了《黄州快哉亭记》。

长江出了西陵峡之后，才到平地。其流"奔放肆大"，然后南合湘沅，北合汉沔，"其势益张"。到了赤壁，"波流浸灌"，像大海一般。快哉亭建在此处的江边，南北可望百里，东西可望三十里，颇得长江气势。江上的景色涛澜汹涌，风云开阖。白天有舟楫出没于亭前，夜晚则鱼龙悲啸于亭下。变化倏忽，动心骇目，常人难以久视。

西望有武昌诸山，冈峦起伏，草木葱茏。早晨，随着日出，烟雾渐渐消散，渔夫、樵夫的家舍现出清晰的模样，历历可数。历史古胜，这里又是三国赤壁的旧战场，曹孟德、周公瑾激战的硝烟化成了夕阳下摇动的金黄波浪。从古到今，每一道风景都在等待品尝。

快哉亭上快哉风

　　以身份而论,东坡和张怀民都是范仲淹笔下的"迁客"。《岳阳楼记》记了得意之人和失意之人在登同一座楼时的不同反应。这些去国怀乡的贬谪之人,在登楼望江时,常常见到"淫雨霏霏,连月不开,阴风怒号,浊浪排空",则"忧谗畏讥,满目萧然,感极而悲"。

　　但东坡与张怀民却毫无悲色,反而在快哉亭指点江山,畅谈畅饮,高呼快哉!他们不以谪居为患,甚至不将自己当做逐客,大有"不以为耻反以为荣"之气概。他们的"快哉"对后人是一种启迪:人只要自得、坦然,无处不是快哉亭,无处没有快哉风。

　　吹同样的风,不是每个人都觉"快哉"。东坡能乘此快风,乃因胸中的浩然之气。

　　"浩然之气"是孟子的气概。有人问孟子,你的长处是什么?孟子答:"我善养吾浩然之气。"浩然之气充盈天地,浩大刚强。正义和道德的日积月累,终成其髓。

　　和孟子一样,东坡也生性好辩,其实东坡从孟子身上继承的更重要的东西是浩然之气。就像孟子说的"予岂好辩哉?吾不得已也",东坡也不是为辩而辩,而是为了维护心中的正义。一个人有了浩然之气,才能做到"富贵不能淫,贫贱不能移,威武不能屈",才能"先天下之忧而忧,后天下之乐而乐"。

　　孟子是东坡的隔世之师,他传了浩然之气给东坡。醉翁先是东坡的伯乐,后是东坡的恩师。于是快哉亭里,东坡想起了平山堂与恩师欧阳修,以及醉翁的词句。师者,传道,授业,解惑者也。生前,醉翁将东坡推介给世人,将文坛托付给东坡,仙去之后他的磊落之气、铮铮铁骨仍然环绕在东坡周遭。快哉亭上的快哉风,也有醉翁一份。

　　风有没有雌雄之分其实不重要。东坡说过,"耳得之而为声,目遇之而成色",有什么样的耳朵,便有什么样的风声,有什么眼睛,便有什么样的景色。胸有浩然气，自有快哉风。

注释：

①知君为我，新作窗户湿青红：知道亭子专为我而新造，窗临大江，沐浴着青山红日。

②认得醉翁语，山色有无中：体会到醉翁的"山色有无中"的韵味。"山色有无中"本为王维诗句，欧阳修《朝中措·送刘原父出守维扬》："平山栏槛倚晴空，山色有无中"，形容远山若隐若现，若有若无。

③兰台公子：指宋玉，宋玉曾在兰台侍奉楚襄王。

谁道人生难再少
——浣溪沙（山下兰芽短浸溪）

游蕲水①清泉寺，寺临兰溪，溪水西流。

山下兰芽短浸溪，松间沙路净无泥，潇潇暮雨子规②啼。
谁道人生无再少？门前流水尚能西，休将白发唱黄鸡③。

这首轻快得意的词，缘于一次病愈之后的出游，东坡后来把它写入了自己的笔记《东坡志林》，即《游沙湖》。

沙湖在黄州东南三十里，亦名"螺蛳店"。东坡欲在此处买田，却在前往相田的途中得了病。他听说附近麻桥有个叫庞安常的良医，于是前往治疗。庞安常是个聋子，但医术高超，东坡初一接触就发现他"颖悟绝人"。两人靠写字交流，东坡还没写几个字，庞安常就明白了他要说什么。东坡跟他开玩笑说："余以手为口，君以眼为耳，皆一时异人也。"

病好之后，东坡与庞安常同游清泉寺。寺里有眼泉，水极甘甜，相传王羲之曾在此洗笔。清泉寺下临兰溪。与一般的河流相反，兰溪之水竟向西流。东坡于是作歌：山下兰芽短浸溪……这次出游以"剧饮而归"结束。

人间有味是清欢——苏轼的词与情

时光不可倒流是残酷的宇宙定律。孔夫子说：逝者如斯夫，不舍昼夜。而对这一规律最冷血的表述是：从长远来看，每个人都是死人。

命运就像一年生植物，只能经历一次春夏秋冬。春有百花秋有月，夏有凉风冬有雪。时间的列车匆匆而过，如果错过了哪个季节的风景，再回首也是徒劳。汉乐府《长歌行》便唱：

> 青青园中葵，朝露待日晞。
> 阳春布德泽，万物生光辉。
> 常恐秋节至，焜黄④华叶衰。
> 百川东到海，何时复西归？
> 少壮不努力，老大徒伤悲。

意义源于有限。一个人如果真能长生不老，他收获的或许不是满足，而是漫无尽头的孤寂和虚无。所以，李商隐诗中的嫦娥，悔偷灵药，面对碧海青天，夜夜寂寥。今日复今日，今日何其少，明日复明日，明日何其多。燕子去了，有再来的时候；杨柳枯了，有再青的时候；桃花谢了，有再开的时候。可我们的日子，为何一去不复返呢？朱自清曾如是问。

> 日子从手中溜去，像针尖上一滴水滴在大海里，我的日子滴在时间的流里，没有声音，也没有影子。洗手的时候，日子从水盆里过去；吃饭的时候，日子从饭碗里过去；默默时，便从凝然的双眼前过去。
> 我觉察他去的匆匆了，伸出手遮挽时，他又从遮挽着的手边过去，天黑时，我躺在床上，他便伶伶俐俐地从我身上跨过，从我脚边飞去了。等我睁开眼和太阳再见，这算又溜走了一日。我掩着面叹息。但是新来的日子的影儿又开始在叹息里闪过了。

谁道人生难再少

你伸手挽留，日子不会留步，只会从你伸出的手边溜走；你扼腕叹息，日子不会停止，只会从你的叹息中闪过。时间就像手中沙子，握得越紧，流失得越快。所以达观者不会把时间浪费在感叹时间的无情上。于是，困居黄州的东坡吟着"黄鸡催晓不须愁，老尽世人非我独"，唱出了"谁道人生无再少"，"休将白发唱黄鸡"的勇气。那勇气，正是来自反常西流的兰溪。

　　江边身世两悠悠，久与沧波共白头。
　　造物亦知人易老，故教江水更西流。

东坡的乐观来自他对把握不定的前途始终持有希望和追求。承认人生的实质是悲哀，又处处力求超越，不受局限。东坡在与生命规律的斗争中，迸发出无穷的活力。

造物主仿佛知道人们容易感慨人生易老，所以特令此处江水西流，但造物主的良苦用心，世人是否真的理解？

注释：
①蕲水：位于黄州东，即今湖北浠水县。
②子规：杜鹃鸟。
③白发黄鸡：白居易《醉歌　示妓人商玲珑》，"罢胡琴，掩秦瑟，玲珑再拜歌初毕。谁道使君不解歌，听唱黄鸡与白日。黄鸡催晓丑时鸣，白日催年酉前没。腰间红绶系未稳，镜里朱颜看已失。玲珑玲珑奈老何，使君歌了汝更歌。"白居易感慨青春易逝，苏轼反用其意。
④焜黄：枯黄。

人间有味是清欢
——浣溪沙（细雨斜风作晓寒）

元丰七年十二月二十四日，从泗州刘倩叔游南山①。

细雨斜风作晓寒。淡烟疏柳媚晴滩。入淮清洛渐漫漫。

雪沫乳花浮午盏②，蓼茸蒿笋试春盘③。人间有味是清欢。

元丰七年（公元1084年），一件偶然的小事改变了北宋的政治局势，也扭转了苏轼的命运。从去年到今年三月，久旱不雨，赤地千里，饥民扶老携幼，流离失所。一个名叫郑侠的皇宫门吏，见到成群的流民塞满了京城的街道。和许多人一样，他知道这不仅是天灾更是人祸，这是王安石的新法带来的劫难。但是，没有人敢上书皇帝，因为变法派把持着各处言路，上书只会给自己招来灾祸。

于是，郑侠把灾民忍饥挨饿的情景画成《流民图》，呈献给神宗皇帝。其中一幅图上画的是农民裸露着身体，忍受着饥饿，在狂风暴雨里，在大路上挣扎跋涉。另一幅图上画着半裸的男女在啃食草根树皮，还有人戴着铁链，扛着瓦砖薪柴去卖了缴税。

无言的图画比煽情的奏章更有感染力。神宗皇帝看后落下眼泪，开始对新法产生动摇，逐步废止了多项新法。皇帝进而意识到，过去对旧党惩罚太重，要把旧党人才召回。

人间有味是清欢

于是，在黄州躬耕的苏轼接到皇帝手札，命迁汝州团练副使。虽是平级调动，但却标志着政治气候的转机。再加上皇帝手札中有"人才实难，不忍终弃"之语，苏轼仿佛看到自己的蛰居生涯已接近尾声。所以在离黄赴汝途中，他步伐轻快、心情舒畅。

久在樊笼里，复得返自然。一路上东坡颇事访游。先畅游庐山，又去江西探视了子由，到金陵又与致仕家居的王安石酬唱累日。这年岁末，东坡来到泗州时盘缠费尽，即上书朝廷，请罢汝州职，回宜兴修养。在这里，他与友人一起游了南山。

南山的山势并不雄奇，没有"一夫当关万夫莫开"的天险。这里的景致也不绚丽。斜风细雨，何处没有？淡烟疏柳，不过尔尔。清洛漫漫，怎敌万里长江，惊涛拍岸？但东坡娓娓道来，轻挑细拢的，用普通无奇的风景，烹出一桌可餐秀色。

不争胜，不斗巧，但难能可贵的是"有味"。什么是有味，东坡自己最清楚。他说达者和不达者沟通，就像有舌头的人向没舌头的人解释什么是味道。如果问蜜是什么样子的，可以答蜜是甜的。如果再问甜是什么样子的，就没办法回答了。在达与不达之间，知味与不知味之间，有一道天然的鸿沟。在这里，勤不能补拙。

"酸甜苦辣咸"都是味，但最让人回味不已的却是清淡的味道。清淡和味道，像一对反义词，其实清淡是所有味道的糅合与归宿。好比苦和乐都不可长久，苦乐过后的清欢才是最值得品咂的。

早在密州做太守时，东坡在《超然台记》就写道："凡物皆有可观。苟有可观皆有可乐，非必怪奇玮丽者也。哺糟啜漓皆可以醉，果蔬草木皆可以饱"，"无所往而不乐者，盖游于物之外也"，"游于物外，不凝滞、不苛求，自然无往而不乐"。

两千多年前的一天，孔夫子曾经问起学生们的志向，众弟子纷纷说欲做王侯将相，治国牧民、复兴礼乐。只有曾点说："我向往一个场景，

111

人间有味是清欢——苏轼的词与情

暮春时节，春装做好了，和五六个青年，六七个少年，在沂水边洗澡游泳，在祭坛下乘凉，唱着歌回家。"孔夫子喟然长叹一声，说："我与曾点一道去吧。"

一千多年前的一天，东坡和好友到郊外去玩，在南山喝了浮着雪沫乳花的午茶，配着春日山野里的蓼菜、茼蒿、新笋，不由发出赞叹："人间有味是清欢"。

东坡与夫子，都是深谙清欢之味的达者。"清欢"是"清淡的欢愉"，或许我们不知道它是什么，但我们知道它不是什么。

它不是李白"人生在世不称意，明朝散发弄扁舟"的自我放逐；它不是杜甫"人生有情泪沾臆，江水江花岂终极"的悲痛；不是纳兰容若"情到多时情转薄，而今真个悔多情"的无奈哀伤；也不是王国维"人生只似风前絮，欢也零星，悲也零星，都作连江点点萍"的刻骨感触。

清欢是什么味道？有舌人自知。

人间有味是清欢，不独美食、风景与人生，文字亦然。毛姆说："写得简单和写得好一样难。"董桥对此深有感触，所以他要写得淡、再淡一些。晚年的他对自己的写作提出最严格的要求：情节要淡，情味要浓，记忆要远，况味要近。不写一株老树，只写树上几片绿叶，不写山中草药，只写云兴霞蔚。

注释：

①刘倩叔：泗州人，曾随其父典眉州。南山：泗州南郊风景地。东坡自注：南山名都梁山，出都梁香故也。

②午盏：午茶的杯盏。

③蓼茸：野菜的嫩芽。蒿笋：谷类茎秆，亦称蒿把，秋季产于田塘畔。春盘：古时立春日，取萝卜、芹菜等生菜、果品置于盘中送人，表示贺春、迎新之意。

青山留不住

「归隐田园」是东坡念叨了一生的话题。他心中装着青山,却一直空喊口号,不为贪恋俗世繁华,只为不负胸中抱负。最终,他在黄州实现了躬耕的愿望。在那里,他发现了陶渊明的秘密,从此苏轼变成苏东坡。但东坡从来只是东坡,所以他永远也做不了纯粹的隐士。

归去青山不易得
——浣溪沙（徐邈能中酒圣贤）

感 旧

徐邈能中酒圣贤①。刘伶②席地幕青天。潘郎白璧为谁连③。

无可奈何新白发，不如归去旧青山。恨无人借买山钱。

达则兼济天下，穷则独善其身；出则儒，入则道；进则治国经邦，退则修身齐家。在庙堂与江湖之间，士人不断寻找自己的位置。苏轼一生中，嘴边一直挂着"归去"、"田园"、"青山"，但此时人方年少。

熙宁五年（公元1072年）苏轼作此词于杭州。朋友在来信中也劝他"诗酒自娱"，言外之意便是远离政治，独善其身。他在诗中流露"已有归蜀计"。他想要离开政争繁炽的帝国核心地带，回到宁静的蜀地故乡。

故事要从头说起。

宋神宗熙宁二年（公元1069年），苏轼葬了父亲和发妻王弗，结束了丁忧，返回京师。这一年注定要记入史册，因为这是王安石新政开始的时间。从此华夏大地被卷入以"变法"为中心话题的汹涌政潮中，直到北宋灭亡。王安石、司马光、苏轼等人的命运都随着这股大潮跌宕翻滚。

这些当年呼风唤雨的大人物，在千年之后，竟都成了大风浪中的扁

人间有味是清欢——苏轼的词与情

舟一叶，在历史大潮中沉浮挣扎。

面对承平百年积累下的弊端，新即位的神宗励精图治。求治过急的他遇到了极坚定且极自负的理性主义者王安石。一个欲做千古明君，一个欲做古今能臣，两人一拍即合。谁也没有料到，皇帝为支持新法，竟不惜与满朝文武为敌。苏轼回京之后的两年中，稳重的老臣如韩琦、欧阳修、文彦博纷纷离朝。

神宗野心勃勃，王安石气势日涨。正如司马光在给皇帝的奏折中所说："安石以为贤则贤，以为愚则愚；以为是则是，以为非则非。诸附安石者，谓之忠良；攻难安石者，谓之缠慝。"

一肚子不合时宜的大学士苏轼就在这人人都不说话的时候，不合时宜地跳了出来。他用一篇《上神宗皇帝万言书》将自己推向风口浪尖。在万言书中，苏轼毫不客气，极言新法之不便，直斥王安石"造端宏大，民实惊疑；创法新奇，吏皆惶惑"，"物议沸腾，怨仇交至"。苏轼甚至说，因推行新政，皇帝已失去民心，皇帝和当权者已不为清议所容。

在变法雷霆万钧之时，苏轼螳臂当车的"不智之举"，只是希望能用他痛快的笔墨浇醒陷于迷雾中的君王。但很不幸，他的文章，如石沉大海。但他却并不打算罢休。

神宗熙宁四年（公元 1071 年），苏轼任告院权开封府推官，在任期间，他出了一道乡试考题《论独断》，全题是：晋武平吴，以独断而亡；齐小白专任管仲而霸；燕哙专任子之而败。事同而功异，何也？这哪里是考题，分明是向"当代独夫"王安石下的战书。

王安石被激怒了。新党咬牙切齿，开始捏造事端，构陷这位不知天高地厚的书生。一个流言悄悄地在京师传播开来，说苏轼在运送父亲灵柩回四川时，曾滥用官家的兵士，并购买家具瓷器，甚至偷运私盐从中牟利。

朝廷的调查人员奔向苏氏兄弟运灵经过的各省，流言没有被证实，但皇帝对他的信任再也不像从前。皇帝曾对司马光说："好像苏轼人品欠佳，卿对他评价过高了。"在那个生杀予夺出自一人的时代，这是十分危险的征兆。苏轼不敢继续待在暴风眼，于是恳请外放。

在苏轼收拾行囊准备赴任杭州的时候，司马光也退回洛阳安心修他的史书。

变法派完胜，反对派惨败，朝堂上死一般的安静，再也听不到反对之声。

此时再读苏洵当年写的《辨奸论》，方知老苏的先见之明。

那是苏、王两家交恶的开始。当年王安石尚居卑位，但以其文章、才干和不拘小节的生活作风赢得许多人的青睐。史书这样说王安石："性不好华腴，自奉至俭，或衣垢不浣，面垢不洗。"

许多人以这种"不近人情"的风格推崇王安石为名士，仿佛魏晋诸贤转世。但苏洵却预言此人将误天下苍生。在《辨奸论》一文中，苏洵形容王安石为"衣臣虏之衣，食犬彘之食，囚首丧面而谈诗书"，说他"阴贼险狠，与人异趣"，并断言"不近人情之人，鲜不为大奸慝"。

昔日苏洵言之谆谆，众人却听之邈邈。而今"大奸"已成气候，大祸正在酝酿。一切为时已晚。西湖畔的苏轼，在听风弄雨之际，只好无奈地感叹"不如归去旧青山"。

但苏轼真的准备远离尘世，潜心归隐了么？若是如此，为什么几年之后会发生"乌台诗案"？为什么苏轼得了"毁谤新法"的罪名？

从杭州开始，苏轼任地方官达八年之久，京城的城门都对他关闭了，所谓"有旨不许入国门"。但这几年间，苏轼完成了一个关心民瘼、果决任事的良吏形象。在杭州赈济灾荒，在密州抗击蝗灾，在徐州抵御洪灾。

人间有味是清欢——苏轼的词与情

百无一用是书生，苏轼除外。同时他并未忘怀国事，诗词中对新法的议论从未间断。

在政治舞台上的第一幕，苏轼就扮演了失败者的角色，这无疑会令这颗众人瞩目的新星受到打击。但一时的失意之情不会把一个人变成失望之人。苏轼身退了不假，消极了不假，但并未在命运帐前举白旗。人生如弦上之箭，一旦射出便无后退余地，何况这是一支决绝、勇敢的箭。归去岂易得？

注释：

①徐邈：三国魏人。曹操严禁饮酒。徐邈身为尚书郎，私自饮酒，违犯禁令。当下属问询官署事务时，他竟说"中圣人"，意思是自己饮了酒。因当时人讳说酒字，把清酒叫圣人，浊酒叫贤人。后世遂以"中圣人"或"中圣"指饮酒而醉。

②刘伶：魏晋之际的名士，著《酒德颂》云，"居无室庐，幕天席地。"

③潘郎白璧为谁连：夏侯湛死后，潘岳和谁合称"连白璧"？

使君原是务农人
——浣溪沙·徐门①石潭谢雨,道上作五首

照日深红暖见鱼,连村绿暗晚藏乌。黄童白叟聚睢盱②。
麋鹿逢人虽未惯,猿猱闻鼓不须呼。归来说与采桑姑。

旋抹红妆看使君③,三三五五棘篱门。相排踏破茜罗裙④。
老幼扶携收麦社⑤,乌鸢翔舞赛神⑥村。道逢醉叟卧黄昏。

麻叶层层苘叶光,谁家煮茧一村香。隔篱娇语络丝娘⑦。
垂白杖藜抬醉眼,捋青⑧捣䴬软饥肠。问言豆叶几时黄。

簌簌衣巾落枣花,村南村北响缫车。牛衣⑨古柳卖黄瓜。
酒困路长惟欲睡,日高人渴漫思茶。敲门试问野人家。

软草平莎过雨新,轻沙走马路无尘。何时收拾耦耕⑩身。
日暖桑麻光似泼,风来蒿艾气如薰。使君元是此中人。

苏轼仿佛一生都在求雨。
在陕西凤翔,天大旱,他去太白山祭山神、祈雨。
在山东密州,天大旱,他率众去常山求雨。

人间有味是清欢——苏轼的词与情

元丰元年（公元 1078 年），苏轼在徐州做知州，是年春，徐州大旱。苏轼照例率部属前往徐州城东二十里的石潭为民求雨。

苏轼每次求雨都很灵验，因为我们总能看到得雨之后他去谢神的记载。这次徐州求雨也不例外。甘霖普降，旱情解除，苏轼照例前往石潭谢雨。归来途中，这组《浣溪沙》乡村风景画问世了。

这次徐州旱情原本十分严重，在苏轼的印象中，"东方久旱千里赤，三月行人口生土"，所以天神应求降雨之后，身为一州长官的苏轼十分喜悦。他是爱民之官，这点毫无疑问。在凤翔府，他上书朝廷呼吁免除百姓欠官府的债务；在扬州，他停办芍药万花会，以免官员借机搜刮民脂民膏；在杭州时，他自掏腰包，用五十两金补助公库，在城中设置病坊，取名安乐坊，惠民无数……

但如果仅以"爱民"来形容苏轼，却又显得不够贴切。因为与一般官员不同，苏轼的出发点不是政绩和仕途，而是内心深处对百姓的同情。他不会以官民二分法来看待百姓，而是把自己当成他们中的一员，不邀宠求进，也不假隐钓誉，只是与百姓同忧同喜。

若没有这份同情心，这组田园风光词也不会如此清新活泼、生机盎然。以往诗词中出现的农村景象，要么辛酸悲苦如杜甫的"三吏"，要么过于隐秘浪漫如王维的"人闲桂花落，夜静春山空"。像苏轼这样立足"乡村本位"的白描手法，之前大概只有陶渊明用过。这样的词却是最动人的，无他，只因"使君元是此中人"。

这组词是因谢雨而起，却没有一处直写谢雨之事。以第一首为例，出场的有石潭中的鱼、不见踪影只闻啼噪的乌鸦、不惯行人的麋鹿、听到鼓声的猿猱，还有黄发的小儿、白发的老人、隐而未见的采桑姑。全是对风土人情的随意点染。但黄童白叟开心地聚在一起，所为何事？与麋鹿相逢的又是何许人？猿猱听到的又是哪里的鼓声？人们回家跟采桑姑诉说的又

使君原是务农人

是什么故事？答案当然都是：随太守而来的盛大而喜庆的谢雨仪式。

第二首的场景就要热烈多了。太守出城谢雨的消息传遍村庄，姑娘们"旋抹红妆"就出了门。她们对太守的风采好奇心切，三三两两聚在左邻右舍门前观看。苏太守是"名为天下重"的才子，他淡定自若，嘴角微微扬。

时值初夏，麻叶层层，正是春蚕已老，茧子丰收的时节。谁家在煮茧？香气飘满整个村子。缫丝姑娘们娇媚悦耳的谈笑声阵阵传来。苏轼心知，这些女郎肯定是隔着篱墙说话。因为江南养蚕的人家有个禁忌，蚕时不得到别家串门。苏轼走进一家农户，一位老人正在捋青捣䴯。太守自然地跟他话起家常，问言今年的豆子什么时候熟啊？

周汝昌说："苏东坡这组词唯以最寻常最普通最不'值得'入咏的景物风光写之为词，此真奇为之奇。"谁说不是呢，千古未有之奇境，正在不奇之中。

太守及随从继续前行。花落行人衣上，有簌簌之声，唯枣花有此声效。簌簌声旋即被嘈嘈风雨声盖过，何物？缫车。再行，天热，寻柳荫，却见树下早有身穿牛衣的人在摆摊卖黄瓜。酒困，路遥，人倦。太阳高照，口渴，无茶。此时方知，农野之家远胜名士洞府，于是去路边的人家叩门讨茶。

写到第五首，终于切到谢雨的正题。久旱初雨，软草平莎全部洗净。沙路无尘，马蹄轻快。马上之人，心情可想而知。畅快之余，归隐田园的念头又在东坡心中荡漾起来："何时收拾耦耕身？"但他此时并没有下定决心，于是继续走马观光：阳光明媚，桑麻欣欣向荣，光泽鲜亮宛然若"泼"；暖风袭人，挟带着蒿艾的熏香。

苏轼真有一种回到家乡的感觉，心想我本来就是村中人，若非世代务农，又怎会如此了解乡野之乐？

121

人间有味是清欢——苏轼的词与情

作为一个官员，苏轼一直为农民"鼓与呼"。涝灾发生时他写："蚕欲老，麦半黄，前山后山雨浪浪。农夫辍耒女废筐，白衣仙人在高堂。"差役沉重时他写："盐事星火急，谁能恤农耕？……人如鸭与猪，投泥相溅惊。"盐法严苛，村民吃不起盐，他写："老翁七十自腰镰，惭愧春山笋蕨甜。岂是闻韶解忘味？迩来三月食无盐。"

作为一个诗人，苏轼的审美对象也是农民和农村。苏轼说，"我本麋鹿性，谅非伏辕姿"。在心底里，他与"面朝黄土背朝天"的农民是一体的。农民沐浴天地的恩泽，也承受天地施与的痛楚，他们食己之力，不窃、不夺，在苏轼心里，他们才是更高贵、更自由的人群。

注释：

①徐门：指徐州。

②睢盱：欢乐的样子。

③使君：太守，知州，苏轼自称。

④茜罗裙：红色的丝绸裙子。茜，红色。

⑤收麦社：指农家祈雨祭土地神的活动。

⑥赛神：古代礼俗，用仪仗、鼓乐、杂戏迎神出庙，周游街巷。

⑦络丝娘：即莎鸡，一种鸣叫如纺织声的昆虫。此处喻指缫丝妇女。

⑧捋青：捋下尚未完全成熟的麦穗。捣麨：把麦粒捣碎，制成干粮。

⑨牛衣：用粗麻编织的衣服。

⑩耦耕：两人并耜（古农具名，形似锹）而耕。

走遍人间,依旧却躬耕
——江城子(梦中了了醉中醒)

陶渊明以正月五日游斜川,临流班坐①,顾瞻南阜②,爱曾城③之独秀,乃作《斜川》诗,至今使人想见其处。元丰壬戌④之春,余躬耕于东坡,筑雪堂居之。南挹四望亭之后丘,西控北山之微泉,慨然而叹,此亦斜川之游也。乃作长短句,以《江城子》歌之。

梦中了了醉中醒,只渊明,是前生。走遍人间,依旧却躬耕。昨夜东坡春雨足,乌鹊喜,报新晴。
雪堂西畔暗泉鸣,北山倾,小溪横。南望亭丘,孤秀耸曾城。都是斜川当日境,吾老矣,寄馀龄。

苏轼以"东坡"名后世。东坡是苏轼在黄州的躬耕之地,其由来与闲情雅致无干,而是为了解决最基本的生存问题。一块为填饱肚子而开辟出来的荒地,经苏轼的垦殖,最后竟成了最负盛名的诗意栖居之所。

苏轼是元丰三年二月来到黄州的,最初住在定惠院僧舍。"布衣蔬食,随僧一餐",倒也简便。五月,苏辙护送家眷到来,日子便困窘起来。虽有太守的照顾,全家得以在临皋亭借住,但衣食之忧随后而来。黄州团练副使虽然也是官,但苏轼已领不到俸禄。再加上向来不善经营,苏轼的所有积蓄仅够一年之用。

人间有味是清欢——苏轼的词与情

在给门生秦少游的信中，苏轼讲述了他的"节财小窍门"：

"日用不得过百五十，每月朔（初一）便取四千五百钱，断为三十块，挂屋梁上，平旦用画叉挑取一块，即藏去叉，仍以大竹筒别贮用不尽者，以待宾客。……度囊中尚可支一岁有余，至时别作经画。"

他颇会宽慰自己："口腹之欲，何穷之有，每加节俭，亦是惜福延寿之道。"但一年之后积蓄耗尽，该做什么"经画"呢？苏轼没有交代。我们只知道，趁这一年无忧，苏轼时常布衣芒鞋而出，与渔樵为伍。有时候拿弹弓击打江水为乐；有时候泛舟江上，游得兴起，甚至过了郡界，数日不返，让负责监视他的地方官十分头疼。

逍遥的日子如箭飞逝，到了第二年，苏轼不得不面对囊中羞涩的困境了。

在这时，长期追随他的穷书生马正卿替他向官府请得一块数十亩的旧营地。地在黄州城东的山坡上，故名东坡。东坡不是肥美的沃野，而是荒芜已久的"茨棘瓦砾之场"。这年恰逢大旱，垦辟之劳让苏轼筋力殆尽。但对来年丰收的期望，使所有劳作之苦都有了意义。

把东坡的荒地垦辟成良田之后，苏轼又在坡上营造了一座房屋。这年冬天黄州大雪数尺，十二月二日微雪，至二十五日大雪始晴。新居是在大雪中建成的，之后苏轼又展丹青妙手在房屋四壁上绘满雪景，故名此堂为雪堂。

元丰五年（公元 1082 年）初春，苏轼躬耕于东坡，居住于雪堂。地是自辟，堂是自建，又逢春雨下足、丰收有望，苏轼站在堂前怡然四望。南瞰有超拔挺立的四望亭，西望有潺潺流淌的微泉。出神之际，苏轼仿佛置身陶渊明斜川之游的队伍里。

走遍人间，依旧却躬耕

晋安帝义熙十年（公元414年），正月五日，天气澄和，风物闲美，陶渊明与二三邻里同游斜川，作诗《游斜川》。

陶渊明的诗"质而实绮，癯而实腴"（苏轼语），平白如话：

> 临长流，望曾城。鲂鲤跃鳞于将夕，水鸥乘和以翻飞。……欣对不足，率共赋诗。悲日月之遂往，悼年岁之不留。
>
> 开岁倏五日，吾生行归休。念之动中怀，及辰为兹游。气和天惟澄，班坐依远流。弱湍驰文鲂，闲谷矫鸣鸥。……未知从今去，当复如此否！中觞纵遥情⑤，忘彼千载忧。且极今朝乐，明日非所求。

陶渊明诗中几乎篇篇有酒，人们知其爱酒，但未必懂得他的酒趣。陶渊明自言："余闲居寡欢，兼比夜已长，偶有名酒，无夕不饮，顾影独尽，忽焉复醉。"世人常在互相应酬中彼此灌醉，陶渊明却在与影子对酌时把自己浇醉。这情况，苏轼用一句"醉中了了梦中醒"得其真味。

东坡和陶渊明一样，饮酒不为消愁、不为逃避，而是在微醺中反而能看到更真实的自己。东坡在后来作的《和陶饮酒诗二十首》序云："吾饮酒至少，常以把盏为乐，往往颓然坐睡。人见其醉，而吾中了然，盖莫能名其为醉为醒也。"他们在醉中或梦中都是清醒的，甚至比不醉不梦时更清醒。

陶渊明"心远地自偏"而苏轼这次是"地偏心更偏"。陶渊明不为五斗米折腰，主动辞官归田，结庐于庐山脚下。苏轼有过"致君尧舜"之志，有过一呼百应的号召力，却遭小人陷害，贬谪黄州，衣食无着之际，被迫躬耕于东坡，可以说是"为五斗米折腰"。

两人的人生经历可谓"异曲同耕"。

陶渊明的斜川、曾城、菊、篱、南山、飞鸟，和苏轼的东坡、春雨、

人间有味是清欢——苏轼的词与情

雪堂、乌鹊,本非奇境,但一经诗人点出却诗意十足。可见一个人心中有什么,眼中便有什么。昭明太子萧统说,读陶渊明之文有以下"功效":驰竞之情遣,鄙吝之意怯,贪夫可以廉,懦夫可以立,岂止仁义可蹈,亦乃爵禄可辞。苏轼之慕渊明,大意亦在此,而不只摹效躬耕、排遣寂寞。

注释:

①临流班坐:面对河流,依次而坐。

②南阜:南山,指庐山。

③曾城:又名层城,传说中昆仑山的最高级,系太帝之居。这里指庐山北面的鄣山。

④元丰壬戌:元丰五年(公元 1082 年)。

⑤中觞:饮酒中间。

觉今是而昨非
——哨遍（为米折腰）

陶渊明赋《归去来辞》，有其词而无其声。余治东坡，筑雪堂于上，人俱笑其陋，独鄱阳董毅夫过而悦之，有卜邻之意。乃取《归去来辞》，稍加檃括，使就声律，以遗毅夫。使家僮歌之，时相从于东坡，释耒而和之，扣牛角而为之节，不亦乐乎。

为米折腰，因酒弃家，口体交相累。归去来，谁不遣君归。觉从前皆非今是。露未晞。征夫指予归路，门前笑语喧童稚。嗟旧菊都荒，新松暗老，吾年今已如此。但小窗容膝闭柴扉。策杖看孤云暮鸿飞。云山无心，鸟倦知返，本非有意。

噫。归去来兮。我今忘我兼忘世。亲戚无浪语，琴书中有真味。步翠麓崎岖，泛溪窈窕，涓涓暗谷流春水。观草木欣荣，幽人自感，吾生行且休矣。念寓形宇内复几时。不自觉皇皇欲何之。委吾心、去留谁计。神仙知在何处，富贵非吾志。但知临水登山啸咏，自引壶觞自醉。此生天命更何疑。且乘流、遇坎还止。

原梓州路转运副使董毅夫得罪罢官，在返回家乡江西鄱阳途中，路过黄州。经鄂守朱寿昌介绍，董毅夫结识了在东坡躬耕的苏轼。董毅夫见到简陋的雪堂,十分喜欢,甚至有意与东坡做邻。东坡为报知己,把陶渊明的《归去来辞》改编成词,令家僮歌之以为乐。

是苏东坡重新发现了陶渊明的魅力。东坡读陶诗,就像小孩子吃心爱的糖果,每逢心中不爽,就把陶渊明的诗集取出来,但每次只读一篇,因为他唯恐把陶渊明所有的诗都读完,就再也读不到新的了。当你读到挚爱的书时就会有这样的心理:由于喜欢,恨不得一口气读完,但想到如此好书仅此一本,又不舍得读得太快,就这样纠结并快乐着。

后来他还照着陶集一一追和,陶渊明有《咏三良》,东坡就有《和咏三良》,陶渊明有《读山海经十三首》,东坡就有《和读山海经十三首》,陶渊明有《杂诗十一首》,东坡就有《和杂诗十一首》……像小孩子做游戏一样,乐此不疲。直到所有的陶诗,他都"和"了一遍。

陶渊明所有的诗里,东坡最爱的又是《归去来辞》。他的喜爱甚至到了痴狂的程度,不仅将其檃括成这首词《哨遍》,而且写了和诗,还不过瘾,于是从中取材,生生作了十首集字诗。东坡手书的《归去来辞》更是成为价值连城的书法名卷。以致后世推崇东坡的评论家王若虚都看不过去了,无奈地说:"陶文信美,亦何必尔。"东坡只管自己过瘾,哪顾得了后人的闲话。

晋安帝义熙元年(公元 405 年),在彭泽通往浔阳的路上,一位面带笑容的中年人迎面走来。乍暖还寒时节,寒风不断地钻进不算厚实的衣服,但他像一位刚从沙场载誉而归的将军,一副心满意足的样子。这位怡然自得、健步如飞的中年人就是陶渊明。

他的满足来自前几天做的一次选择。这次应该是彻底了断了。那天郡里派来一个督邮到彭泽县,小小的督邮耍起了威风,要求县令陶渊明穿戴整齐去拜见。陶渊明不堪受辱,撂下一句话,便解下印绶,挂职而去。他的那句话后来成为读书人气节的象征:我岂能为五斗米折腰向乡里小儿!

觉今是而昨非

这并不仅仅是意气用事，在短短八十多天的彭泽县令任上，陶渊明不断感到自我本性与官场氛围的冲突，这种冲突甚至比以往更强烈了。他并非不知道辞官的后果，以前的几次辞官归隐，每次都让他的家庭陷入生活困境。耕种所获不足以自给，孩子满堂，但"瓶无储粟"。让孩子幼而饥寒，对一位父亲来讲是很大的精神压力。但他刚正忤俗的个性实在无法与潜规则横行的官场相容。在富足的奴役和穷苦的自由之间，他选择了自由。五斗米虽可贵，但自由是他更不可缺的空气，离开须臾便会窒息而死。

辞官之后，陶渊明即赋《归去来辞》。这是一篇拥抱田园生活的宣言书，其欢欣之情、自足之乐穿透纸背，亘古弥新。

归去来兮，田园将芜胡不归？既自以心为形役，奚惆怅而独悲？悟已往之不谏，知来者之可追。实迷途其未远，觉今是而昨非。舟遥遥以轻飏，风飘飘而吹衣。问征夫以前路，恨晨光之熹微。

乃瞻衡宇，载欣载奔。僮仆欢迎，稚子候门。三径就荒，松菊犹存。携幼入室，有酒盈樽。引壶觞以自酌，眄庭柯以怡颜。倚南窗以寄傲，审容膝之易安。园日涉以成趣，门虽设而常关。策扶老以流憩，时矫首而遐观。云无心以出岫，鸟倦飞而知还。景翳翳以将入，抚孤松而盘桓。

吟着这篇宣言书，陶渊明踏上了归园田居的行程。

"归去来兮，田园将芜胡不归？"其实他担忧田园荒芜，更担忧心灵荒芜，田园荒芜犹可锄，心灵荒芜不可挽。"觉今是而昨非"，误入尘网中，一去三十年。所幸迷途知返，犹未晚也。

人间有味是清欢——苏轼的词与情

陶渊明的归隐与东坡的归隐，一是主动迎接清寒，一是被动顺势而为。苏轼吟唱《归去来辞》时，应该会钦佩陶渊明的义无反顾。但两人的相同点，在于懂得山水田园的真义所在，那便是自由。

苏轼极力推崇陶渊明的诗与人，是因为陶渊明做到了他没能做到的事。苏轼和陶渊明都是在退居江湖之远时现出了生命的灵光。但陶渊明的闲居是"觉今是而昨非"之后的毅然选择，"草盛豆苗稀"的南山田垄是他悠然自在的舞台；苏轼的闲居却是被政敌迫害之后的唯一退路，黄州东坡虽也让他逍遥自乐，但终究只是他命途中的一座驿站。

自由不仅是一种享受，更是一种承担。所以被解放的奴隶才会怀念做奴隶时的稳定工作。许多人甘愿接受奴役，不是不知道自由的快乐，而是不愿承担自由的代价。多少人白天为田园唱着赞歌，夜里却做着"一日踏尽长安花"的美梦。真正选择回到田野、亲力亲食的，陶渊明是极珍贵的特例。

孔子说："君子谋道不谋食。"但天上不下粮食雨，总要有人来谋食。陶渊明认为谋道与谋食并不对立。陶渊明知道躬耕之苦，但更知道必须要有人来受这份苦："田家岂不苦，弗获辞此难。"纯以稼穑为食的陶渊明，在晚年贫困交加，甚至到了"饥者欢初饱，束带候鸣鸡"的地步。即使如此，江州刺史檀道济前来探望，要送他米和肉时，陶渊明还是断然拒绝。他没有丝毫悔意，"但愿长如此，躬耕非所叹"。

陶渊明看到世俗世界的颓败已不可挽救，于是退居一隅，独善其身。苏轼胸中那团想要救世的心火，却总是无法熄灭。他在仕途上虽也沉浮不定，但他不会一走了之。即使身处田园，他也留了一只脚在他热爱的人间。苏轼在内心又渴望自由，所以他在个人世界与普罗大众的世界之间挣扎。因而他盛赞陶渊明"忘我"、"忘世"、"知天命"。

何处安我心

他不怕鬼,也不怕小人,不怕厄运,也不怕好运。因为浮生若梦。他梦得悠然,却难得地在梦中清醒、自然、执著,永不丢弃自己。他一向善于调整自己以适应环境,却有一样从未改变——胸中的浩然之气。

一场大梦何时觉
——永遇乐（明月如霜）

夜宿燕子楼，梦盼盼，因作此词。

明月如霜，好风如水，清景无限。曲港跳鱼，圆荷泻露，寂寞无人见。紞如三鼓，铿然一叶，黯黯梦云惊断。夜茫茫，重寻无处，觉来小园行遍。

天涯倦客，山中归路，望断故园心眼。燕子楼空，佳人何在，空锁楼中燕。古今如梦，何曾梦觉，但有旧欢新怨。异时对，黄楼夜景，为余浩叹。

"庄周梦蝴蝶"大概是古往今来最知名的梦了。有一天，庄周梦见自己变成了蝴蝶，一只翩翩起舞的蝴蝶。蝴蝶非常快乐，悠然自得，不知道自己是庄周。一会儿梦醒了，却是僵卧在床的庄周。他疑惑了，不知是庄周做梦变成了蝴蝶，还是蝴蝶做梦变成了庄周？庄周的疑惑，疑惑了后世无数苍生，苏轼也在其中。

是做蝴蝶好呢，还是做庄周好？清人张潮一语道破："庄周梦为蝴蝶，庄周之幸也；蝴蝶梦为庄周，蝴蝶之不幸也。"

在大国卿相和江湖散人之间，庄子选择了后者，他宁愿衣食无保"曳尾涂中"，也不愿意位列庙堂虽生犹死。但是庄周可以拒绝名禄，却拒绝不了人的身份。再怎么无欲无求，他都摆脱不了养家糊口、读书治学的羁累，否则他何必去做那漆园小吏？彻底远离世俗的方式，只有偷闲做个蝴蝶梦了。可以想见，当梦醒发现自己依旧躺在床上时，这只"蝴蝶"是多么失望。

苏轼年少时读《庄子》，曾喟然叹息："吾昔有见于中，口未能言，今见《庄子》，得吾心矣。"书可以让隔绝千年的两个人相见恨晚，莫逆于心，其妙处简直像梦。苏轼读到了庄子的逍遥游，也读到了庄子的蝴蝶梦。

梦，可以让人挣脱肉身，也可以让人穿越古今。这天，苏轼夜宿徐州燕子楼，梦到了燕子楼的旧主人——关盼盼。

盼盼是唐贞元中徐州守帅张愔的家伎，善歌舞，雅多风态。张愔宠爱盼盼，特为其建燕子楼一座。白居易做校书郎时，自长安东游徐、泗，张愔设宴款待。席上酒酣之时，张愔请出不轻易见客的盼盼歌舞助兴。盼盼曼妙的舞姿和天籁般的嗓音给诗人留下了深刻印象，白居易当即赠诗，诗中有句："醉娇胜不得，风袅牡丹花"。

白居易与盼盼仅此一面之缘，从此再不相闻。两年后，张愔病逝。

白居易再次听到盼盼这个名字，已是十二年后。他的朋友张仲素作了三首《燕子楼》诗，白居易不解，问其缘由，张仲素才详道始末。原来张愔死后归葬洛阳，张府的姬妾很快风流云散，只有盼盼念旧爱始终未嫁，独守燕子楼已有十年之久。白居易感其情状，于是作了四首诗托张仲素带给盼盼。

一支轻巧的笔，却重重地改写了盼盼的命运。这位迂腐的诗人，在诗中说："见说白杨堪作柱，争教红粉不成灰。"意思再明显不过：张愔墓上白杨已可作柱，红粉佳人若真的感念旧恩，与其在燕子楼"被冷灯残""空守寒月"，何不甘作灰尘、追随于九泉之下？

一场大梦何时觉

盼盼得诗，惊讶万分，万没想到十年痴守招来的却是误解和威逼。和着悲愤和泪水，盼盼写下和诗自辩：

　　自守空楼敛恨眉，形同春后牡丹枝。
　　舍人不会人深意，讶道泉台不相随。

为明己志，盼盼开始绝食，十天后终于如白舍人所愿，香消玉殒于燕子楼。夫君早逝对盼盼已足够残忍，十年空房对盼盼已足够凄苦，但压垮她的，却来自自己曾引为知己的白大诗人。她承受得了命运的无情，却承受不了人的无情。

苏轼梦到盼盼，才子梦到佳人。盼盼的命运早在历史上做过了结，却在苏轼的梦中重新活了起来。梦做完了，苏轼却停止不了梦中的脚步。

词的开头，梦就醒了，一片清幽之境突兀而至。明月如霜，洁白中泛着冷光；好风如水，温柔里沁着清凉。鱼儿跃出水面，泼剌有声；露珠滚落荷叶，叮咚作响。"寂寞无人见"是假，寂寞一人见是真。

他是来寻梦的。在梦里，东坡回到了唐朝，地点还是燕子楼。可是打鼓声和落叶声惊破了幽梦。好梦残断，怅然若失，于是有寻梦之旅。夜色茫茫，但各处景物尚依稀可辨，可怎么也找不到梦中的那一处景色。东坡踏遍小园，只寻到一腔的今昔之叹。

"天涯倦客"是东坡诗词中反复吟咏的调子。刚出仕时苏轼就跟子由约好，他日当辞官还乡，归隐山林。后来每当仕途不如意的时候，他都重提此调。但吊诡的是，他屡屡"望断故园"、屡屡寻觅归路，但并没有真的归隐，甚至没有做过归隐的准备。与诗词中常常表达的倦怠相反，无论到哪里做官，苏轼都勤心政务，以图有所建树。

诗词中的消极浩叹与现实中的积极进取，构成东坡生命中两道奇妙的风景线。事实上这两者并不矛盾，诗词的逻辑与生命的逻辑本来就是两条线。东坡在诗词中抒发愁绪，不是因为无力应对现实，而是为了汇集更充沛的力量，在惨淡的人生中激起更多的水花。

不过在这里，我们不妨顺着东坡的浩叹而浩叹。

燕子楼因盼盼而闻名，斯楼虽存，斯人已去。一代代人就像在一轮轮梦中流转，任你帝王将相、才子佳人，都难逃循环的宿命。如果说燕子楼、关盼盼的前朝旧事都是梦，那么东坡因梦盼盼作词岂非是梦中之梦？

"异时对，黄楼夜景，为余浩叹"，一如王羲之所言"后之视今亦犹今之视昔"。东坡在为燕子楼浩叹的时候，已料到后人会为他的浩叹而浩叹了。一句魔咒，惹多少世人坠入这一梦的循环！

蜗角虚名，蝇头微利
——满庭芳（蜗角虚名）

蜗角虚名，蝇头微利，算来着甚干忙。事皆前定，谁弱又谁强。且趁闲身未老，须放我、些子疏狂。百年里，浑教是醉，三万六千场。

思量，能几许？忧愁风雨，一半相妨。又何须抵死，说短论长。幸对清风皓月，苔茵展、云幕高张。江南好，千钟美酒，一曲《满庭芳》。

曾经有一只蜗牛，个头虽小，却身负两个国家。一个国家在蜗牛的左触角上，叫触氏帝国；一个国家在蜗牛的右触角上，叫蛮氏帝国。两个国家在蜗牛身上经常为争夺土地发生战争，战况十分惨烈，常常伏尸数万，胜利者追亡逐北达五日之久……

蜗角上两个一毫米、一微米的空间都意义重大，每一场战役、每一次战斗都是"世界"历史的关键转折点。可是"只缘身在此山中"，人很难跳出置身其中的繁华世界去发现它的局促和狭小。这正是庄子所说的"小知不及大知，小年不及大年"。

一个人一旦参悟了庄子的"小大之辩"，明白了再辉煌的成就都不过是海市蜃楼，他就不会再汲汲于名利。可人还有一个本能，就是为一切既存事实辩护，没人愿意主动戳破华丽的伪装，哪怕明知道它虚假。人

人间有味是清欢——苏轼的词与情

们宁愿自欺欺人着随波逐流，也不会选择直面白森森的真相，除非受到某种刺激。

东坡受到的刺激来自"乌台诗案"和其后的黄州之行，死里逃生之后，他开始深思人生的意义。以前只是当做思维游戏和诗词素材的老庄学说，此时成了剖破幻象、直抵生命核心的利刃。

东坡在《答李端叔书》中说："轼少年时，读书作文，专为应举而已。既及进士第，贪得不已，又举制策，其实何所有？"对他来说，读书、作文、应举、做官、进谏都是再自然不过的人生必修课。他人如此，东坡亦如此，东坡做得还比他人要好，他从不会反思做这些事情有什么不对头。直到以言获罪之后，他才第一次认真地重新考量以往的人生历程。

自觉不自觉地，东坡产生了"改过自新"的想法。皇帝在把他贬到黄州的圣旨中本有要求："黜置方州，以励风俗，往服宽典，勿忘自新"，是让他体会皇恩的宽大，自新以报。但东坡的自新与其说是为报皇恩，不如说是命运无常给他上了刻骨铭心的一课。在狱中，魂魄都被吓得离窍而去，为了得到心灵的真正安宁，东坡转向了佛教，他在《安国寺记》中写道：

"其明年二月至黄。舍馆粗定，衣食稍给，闭门却扫，收召魂魄。退伏思念，求所以自新之方。反观从来举意动作，皆不中道，非独今以得罪者也。"

他反省过去一切的"举意动作"皆不中道，未知今是已悟昨非。

"于是喟然叹曰：'道不足以御气，性不足以胜习，不锄其本而耘其末，今虽改之，后必复作。盍归诚佛僧，求一洗之。'"

蜗角虚名，蝇头微利

为了从气到习、由本至末彻底改过自新，他决心皈依佛家，一洗前尘。修行是诚心的。

"得城南精舍，曰安国寺，有茂林修竹、陂池亭榭。间一二日辄往，焚香默坐，深自省察，则物我相忘，身心皆空，求罪垢所以生而不可得。一念清净，染污自落；表里翛然，无所附丽。私窃乐之。"

他似乎真的在佛法中寻觅到了清静。物我相忘，身心皆空。
东坡接受了命定论，所以说"事皆前定"，今生的挣扎幻想、营营役役全是徒劳。"死生有命，富贵在天"是一种朴素的达观精神，不一定会导向犬儒般的消极待命。孔子就说过"富而可求也，虽执鞭之士，吾亦为之。如不可求，从吾所好。"孔子知富贵不可求，故终生从其所好，传道授业、周游列国。东坡知"事皆前定"，故决心趁闲身未老，放自己一些疏狂。诗酒趁年华，百年醉过，不过三万六千场。

但细心读这首词，会发现其实东坡并未"物我相忘，身心皆空"。在貌似达观知命的述怀中，始终潜流着一股抑郁不平之气。若已看破红尘，又何必埋怨"忧愁风雨"的相妨？"幸对清风皓月，苔茵展、云幕高张"，一个"幸"字露了底。清风皓月、云幕高张是幸，那必然还有东坡尽力逃避的"不幸"。天工造化的美景只是被他当做避难所，在这里，他可以不理会世间俗务。但带着逃避的心来，就意味着他只是做短暂借居的打算，而没有做好安家的准备。

东坡念叨山水田园从未停口，从初离家乡到宦游各地再到贬居黄州，若轻信他的话，也许会认为东坡早该退隐不问世事了。但他一直没有离开纷纷扰扰的尘世，即使在黄州，他也曾上书太守，力废本地的杀婴陋

人间有味是清欢——苏轼的词与情

俗。眼睛不离闲山逸水，心中惦记的总是人间冷暖。

求解脱，难解脱。黄州鲜有亲朋，文酒之欢难得，幸有江南好风、美酒千钟，一曲《满庭芳》助兴，自吟、自斟、自乐。正如他在《定惠院寓居月夜偶出》中所言：

清诗独吟还自和，白酒已尽谁能借。
不辞青春忽忽过，但恐欢意年年谢。

长恨此身非我有
——临江仙·夜归临皋

夜饮东坡醉复醒,归来仿佛三更。家童鼻息已雷鸣。敲门都不应,倚杖听江声。

长恨此身非我有,何时忘却营营。夜阑风静縠纹平。小舟从此逝,江海寄余生。

苏轼在黄州有两个住处,一是城中的临皋亭,一是城东的东坡雪堂。临皋亭本是驿亭,官员经过时可以小住,由于太守的礼遇,苏轼才得以安家在此。东坡辟出、雪堂竣工之后,苏轼每天在临皋亭和雪堂之间往返。林语堂说,这段一里多的脏泥路,大概是文学史上最出名的一条路。

在这条小路上,那凌乱的脚印,一脚深一脚浅,踩出了一个放浪形骸的达者。

深秋之夜,东坡一个人在雪堂饮酒。他也许原打算一醉方休,但可惜疲软的酒精盖不住清醒的内心,一时醉意朦胧,最终却还是醒着。夜渐渐沉寂下来,东坡蹒跚走回临皋亭,妻儿在那里应该早已睡熟。

回到住处大约三更时分,院里漆黑一片,东坡抬手敲门,只听见几声回响在暗夜里向四周悄悄散去,院内却全无反应。家童鼻息如雷鸣,敲门都不应,睹此情景,东坡没有气急败坏、暴跳如雷,而是略一微笑、略一沉吟,拄杖转身走向江边。他要听听长江在夜里的独语,也让长江听听自己。

一人，一江，相听两不厌。

长恨此身非我有，东坡提出了一个终极追问：人的生命究竟属于谁？东坡此问，源出《庄子》。在庄子虚构的一段对话中，舜帝问丞说："道可以获得而保有吗？"丞反问道："你的身体都不是你自己所保有的，你怎么能保有道呢？"舜说："我的身体不是我所保有，是谁所保有呢？"丞说："这是天地所委付的形体。生命不是你所保有的，乃是天地所委付的和气；性命不是你所保有的，乃是天地所委付的自然；子孙不是你所保有的，乃是天地所委付的蜕变。你的行动、居留、饮食，都不是自己控制的，乃是天地间气的运动，又怎能够获得而保有呢！"

庄子意识到人不能如想象的那样保有自身，但并不以此为悲事，"至人无己"是他心中最高的境界。在《庄子·齐物论》中有注脚："至人神矣，大泽焚而不能热，河汉沍而不能寒，疾雷破山，飘风振海，而不能。若然者，乘云气，骑日月，而游乎四海之外，死生无变于己，而况利害之端乎？"

可是东坡的"此身非我有"与至人的"此身非我有"不同。至人的"己"与大道合一，东坡的"己"却被俗务牵扯；至人的"己"与天地同游，东坡的"己"却被命运安排。所以至人无己而无所不能，东坡无己而颓然若丧。

东坡恨自己不能忘却营营役役，他渴望自由。也是在同样的夜晚，朱自清在荷塘漫步时说："一个人在这苍茫的月下，什么都可以想，什么都可以不想，便觉得是个自由的人。"

歌德说：一个人只要宣称自己是自由的，就会同时感到他是受限制的。如果你敢于宣称自己是受限制的，你就会感到自己是自由的。东坡敢于宣称此身非己有，忘不掉营营役役，那么在说出这两句话的时候，他应该感到了江面上吹来了自由的空气。

一个人如果拥有太多,就会丧失自己。失去自己的人,其实一无所有。拥有并不足恃。

人人都想升仙,仙界是什么样,却没人知道。在欲壑难填的世人眼中,仙界大概是锦衣玉食、宝马雕车、歌儿舞女。可若只是这样,有志者且去造反当皇帝,何以神仙为?穷,并不仅仅指物质匮乏,梦想贫瘠是一种更无可救药的穷。

东坡曾在诗中为谪仙李白辩护称:"谪仙非谪乃其游",这何尝不是他自身的写照?来到黄州之后,仕途黯淡、生活交困,但物质的贫瘠赠予了他一种更高贵的富有——江上清风与山间之明月。天地之间,物各有主,唯江山风月无常主,闲者便是主人。为功利而奔竞的忙人,其实是功利的奴仆。侣鱼虾而友麋鹿的闲人,却是江山的主人。

孔子说过:"道不行,乘桴浮于海"。大概是记起了夫子的遗志,再加上一时酒兴涌起,又被夜阑风静时的江上縠纹打动,东坡兴冲冲地写道:"小舟从此逝,江海寄余生"。

第二天,众人宣传东坡夜作此词,然后挂冠服江边,驾舟长啸而去。谣言传到太守耳朵里,太守十分惊惧,因为他有职责监视东坡不得越出他的辖区。太守马上赶去临皋亭,却见东坡安然睡在家中,鼻息雷鸣。最后这个谣言还是传到了京师,甚至传到神宗的耳朵里。

这些传谣之人肯定不懂东坡,因为东坡说过,他逃的不是"世之事",而是"世之机"。若无机心,世事有何可畏?若有机心,纵逃到天涯海角,也逃不脱俗务缠累。东坡不需要"小舟从此逝",自可以"江海寄余生"。

庄子认为,只有放下自我,才能获取自由。其实放下自我才能安顿自我。在吐露出"长恨此身非我有"的那一刻,东坡就已顿悟,立地成我。从此不虚空,不寂寞。

又得浮生一日凉
——鹧鸪天（林断山明）

  林断山明竹隐墙。乱蝉衰草小池塘。翻空白鸟时时见，照水红蕖①细细香。

  村舍外，古城旁。杖藜徐步转斜阳。殷勤昨夜三更雨，又得浮生一日凉。

这是一幅夏末秋初的风景画。

远处，郁郁葱葱的树林尽头，被夕阳照亮的山头耸入云端。近处，翠绿的丛竹，像一道绿色屏障，围护在院墙周围。院内并无着墨，但想来应是东坡的居所。院墙附近，有一个小小的池塘。乱蝉衰草透露出，池塘是荒芜的，无人料管。

气氛幽狭，但荒芜中仍有生机。白鸟不嫌蝉躁，不时地飞上飞下，将跳动的音符装饰在空寂的天上。荷花不嫌池塘小，映照绿水，兀自喷吐着柔和的芳香。

在荒寂与生机并存的风景里，一个半老之人挂着藜杖，迈着缓慢的脚步。这个身影是老态龙钟，还是自得其乐，抑或百无聊赖？看到最后两句之前，是找不到答案的，之前的景物白描中没有明显的感情倾向。

但"浮生一日凉"又是怎样的答案呢？由于昨夜的雨，溽暑初褪，风气微凉，词人应该是舒适的。可在舒适中，还挂着几丝不甘，几丝惆怅。

"浮生"二字道尽俗世情态。人生在世,就像在漫漫苦海中作短暂的浮游,不知何时命数一尽,便会径直沉下去,一沉到底,再无声息。李白说:"天地者,万物之逆旅也;光阴者,百代之过客也。而浮生若梦,为欢几何。"纵是诗仙,也逃不过这宿命。

大家都是过客。生死面前,众生实现了真正的平等。正如红楼梦里邢岫烟回答宝玉:纵有千年铁门槛,终是一个土馒头。

人生如寄的思想在诗人中代代传递。"人生天地间,忽如远行客";"人生寄一世,奄忽若飚尘";"人生非金石,岂能长寿考"……如一个难解的谜题,摆在每个珍惜生命的心灵面前,越珍视便越痛惜。既然是寄居,那么结局便只有一个——归去。生人是行人,死人为归人。

同一个谜题,不同的答案。有人提出的解脱办法是及时行乐。他们嘲笑那些"生年不满百,常怀千岁忧"的多情种子,人生有限愁无限,为乐当及时。唐朝诗人罗隐仕途坎坷,十举进士而不第,愤而作《自遣》诗:

得即高歌失即休,多愁多恨亦悠悠。
今朝有酒今朝醉,明日愁来明日愁。

东坡则说:"人生不过百年,索性笑他三万六千场,一日一笑,此生快哉!"如果嫌昼短苦夜长,何不秉烛游。这究竟是珍惜生命,还是浪费光阴,很耐琢磨。

如果生命的意义可以用快乐的次数或时长来衡量,那么及时行乐、秉烛夜游是最成功的生活方式。可是正如钱钟书所质疑的,"永远快乐"的说法不但渺茫得不能实现,并且荒谬得不能成立。

快乐是与痛苦相对而言的,不知痛者不知乐,正如不知饥者不知饱。

问出"何不食肉糜"的荒唐皇帝,纵有酒池肉林,又焉知酒之甘美、肉之怡人?永远快乐,像四方的圆形,静止的动作一样自相矛盾。

所以在人生如寄的既定事实面前,有人没有及时行乐,而是选择了及时努力。因此汉代的人在"奄忽若飙尘"之后,立志"何不策高足,先据要路津"。后世的奇女子张爱玲更是大声喊出了"出名要趁早"的人生格言。

在伪谦虚盛行的文化土壤里,赤裸裸的"出名要趁早"势必要遭到嘲笑和鄙薄。但迫不及待要骂人的"道德君子"们,竟没时间看到"出名要趁早"那段话后面还有一段:

> "个人即使等得及,时代是仓促的,已经在破坏中,还有更大的破坏要来。有一天我们的文明,不论是升华还是浮华,都要成为过去。如果我最常用的字是'荒凉',那是因为思想背景里有这惘惘的威胁。"

张爱玲生在乱世,她感受到的是文明易碎、极度功利的表象背后,其实是彻骨的荒凉。

且容我偏离主题,为张爱玲辩护几句。她当然有短处,如贾平凹在《读张爱玲》中说的:"天才的长处特长,短处极短,孔雀开屏最美丽的时候也暴露了屁股,何况张又是个执拗的人。"但时下耍弄文字的人,很多却没有以平和之心看待张爱玲,他们的毛病是:"读作品不是浸淫作品,不是学人家的精华,启迪自家的智慧,而是卖石灰就见不得卖面粉。还没看原著,只听别人说着好了,就来气,带气来读,就只有横挑鼻子竖挑眼。"这样的后果是"无损于天才,却害了自家"。

其实,不管及时行乐还是及时努力、及时成名,后面那个词的分量

又得浮生一日凉

永远抵不过"及时"二字所透出的荒凉。及时,是因为时不我待,若不及时就永远没有机会了。无论哪种选择,都只是人们为摆脱这种荒凉而生出的本能挣扎而已。

明乎此,便没有必要明白那个"杖藜徐步"的身影,究竟是老态龙钟、自得其乐,或百无聊赖,亦不必追究"浮生一日凉"究竟是哪种凉。

注释:
①蕖:荷花。

此心安处是莼鲈
——浣溪沙·自适（倾盖相逢）

倾盖①相逢胜白头。故山空复梦松楸②。此心安处是莼鲈③。

卖剑买牛吾欲老，乞浆得酒更何求。愿为同社宴春秋④。

"自由"是一种稀缺的奢侈品。

春秋时期，列国并立，孔夫子还可以"危邦不入，乱邦不居"，保全自己的操守。秦汉大一统之后，普天之下莫非王土，每个人出生后都自动成为一家一朝的臣子，士人甚至连"天下有道则见，无道则隐"的消极自由都被剥夺了。朱元璋就曾发布一道充满杀气的谕旨："率土之滨，莫非王臣。寰中士大夫不为君用，是自外其教者，诛其身而没其家，不为之过。"不与官家合作，就是滔天大罪。

赵宋王朝对待知识分子算得上宽容，"与士大夫共治天下"是立国纲领，"不得杀士大夫"是祖宗家训。但与朱元璋的残酷寡恩相比，这不过是"五十步"与"一百步"的区别而已。东坡的遭遇就验证了这一点。名重一世的士林领袖，不过说了几句风凉话，就被治罪、下狱。生死悬于一线，而这根线捏在高高在上的皇帝手中。名望再高，诗词再富丽，又能怎样？

自由就像天上的星星，可望而不可即。一只"发了慈悲"的大手，把东坡这只原本就被无形的线拴着的鸟，投入黄州这个小小的笼子。东

此心安处是菀裘

坡却只有听天由命的份儿。

但有一种鸟是关不住的，因为它每根羽毛都闪着自由的光辉。东坡没有能力违抗圣旨，没有胆量逃脱监视，他更不可能"小舟从此逝"，真的去国远游。但黄州并未成为他的就缚之地。他在黑暗中挣扎，在局促里伸展，在贫瘠的土地上倔强地生长。

外部世界没有自由的踪影，东坡只好在小世界中寻觅。

"此心安处是菀裘"。谁也不能否认，这句话多少带有一些自欺意味。此心安处，另一层含义是，此身并不安。谁不想身心俱安？可是，除了调试内心以适应环境之外，东坡别无选择。

黄州本是收押他的牢笼，东坡却把禁锢变成自由，把牢笼变成家乡。

他在这里结识了一干"倾盖相逢胜白头"的朋友。徐君猷、孟震、继连、朱寿昌、张怀民、庞安常……这一连串的名字，每一个都是东坡在缧绁中向外探出的触角。朋友最重要的作用不是排遣寂寞，也不是有难同当，而是通过他们，你可以与他们的世界联通。有了他们，你会拥有更广阔的自己。

又一次在梦中回到故乡，见到祖先的坟茔。东坡却没有眷恋，没有遗憾，因为经过几年的打磨，他与黄州已经彼此适应，相看两不厌。此心安处是吾乡，何必非得回故丘呢？

什么是最好的日子？梁山好汉会说：大碗喝酒，大块吃肉，论秤分金银，异样穿绸锦。本分老实的农民则会说：三亩地，一头牛，老婆、孩子、热炕头。在黄州吃了几年苦，东坡反而"失去"了追求。"卖剑买牛"归老田园，是他最大的心愿。苦日子已经成了最好的日子。

东坡善于"处穷"，不仅是生性恬淡之故，与他的聪慧也密不可分。在黄州，有人向他请求长寿秘方，他写了下面四句话：

人间有味是清欢——苏轼的词与情

　　一曰无事以当贵。
　　二曰早寝以当富。
　　三曰安步以当车。
　　四曰晚食以当肉。

看到这个妙方，人们不会嘲笑东坡不富不贵、无车无肉的可怜境地，只会敬佩他的聪明与豁达。

神宗元丰七年（公元 1084 年），皇帝把东坡从黄州调往汝州，算是结束他被监管的流放生活。汝州离京师较近，生活亦较为舒适，但东坡却不舍得离开黄州。分离时，他恋恋不舍地写道：

　　归去来兮，吾归何处，万里家在岷峨。百年强半，来日苦无多。坐见黄州再闰，儿童尽、楚语吴歌。山中友，鸡豚社酒，相劝老东坡。
　　云何。当此去，人生底事，来往如梭。待闲看，秋风洛水清波。好在堂前细柳，应念我、莫剪柔柯。仍传语，江南父老，时与晒渔蓑。

楚语吴歌，铿然在耳；鸡豚社酒，宛然在目。东坡在黄州种下的，不仅有堂前细柳，还有一整段人生。他被风卷来，不得不在这里扎根、抽芽。几年后，绰约的风姿证明了这粒种子的顽强和饱满。

后人有公论：被贬黄州是东坡政治生涯的低谷，却是他精神历程的一次升华。苦难不一定是财富，打击不一定是锻炼。它们就像太上老君的八卦炉，进去的若不是孙悟空，结果就不是火眼金睛而只能是灰飞

此心安处是菟裘

烟灭。

我们不赞美流放、禁锢、折磨,但是赞美流放中的潇洒、禁锢中的自由、折磨下的坚强。因为在这背后,有一颗闪光的心。

注释:

①倾盖:车上的伞盖靠在一起,引申为初次相逢或订交。
②松楸:墓地上的松树和楸树,代指坟墓,此处特指家乡的祖坟。
③菟裘:《左传·隐公十一年》,鲁隐公说,"使营菟裘,吾将老焉。"后世即以菟裘指晚年休居之地。
④愿为同社宴春秋:愿与你同住一个村社,宴饮度过年岁。

问书生何辱何荣
——行香子·寓意(三入承明)

  三入承明①。四至九卿②。问书生、何辱何荣。金张七叶③,纨绮貂缨④。无汗马⑤事,不献拂,不明经⑥。

  成都卜肆,寂寞君平⑦。郑子真⑧、岩谷躬耕。寒灰炙手⑨,人重人轻。除竺乾学⑩,得无念,得无名。

  绍圣元年(公元1094年),太皇太后高氏已经去世,宋哲宗行"绍述"之政,恢复神宗新法。"三入承明。四至九卿。"至此,东坡已三次进入朝廷做皇帝的近侍之官。但这一年,东坡失去端明殿学士、翰林侍读学士两个官职。已经过了八年太平日子的东坡嗅到一丝不安的气息,于是写下这首《行香子·寓意》,自问"书生何辱何荣"。

  东坡在仕途上的遭遇与中国古代其他士人别无二致,荣辱不定,充满各种不可测,且与皇帝的喜怒紧密相连。面对荣辱沉浮,东坡早就不是"乌台诗案"发生时被吓得魂飞魄散的那个太守,他已学会了如何与命运相处。

  古代中国人,除皇帝和贵戚外,大体可分四类:士、农、工、商。士为四民之首,万般皆下品,唯有读书高。"朝为田舍郎,暮登天子堂"是每个寒士的心愿,东坡曾说自己年少时也唯以读书中举为业。

问书生何辱何荣

宋朝又是士大夫地位最受尊崇的一个黄金时代。北宋第三位皇帝真宗亲作《劝学文》，以"书中自有黄金屋"劝诱世人读书。以皇帝九五之尊，躬操吆喝之业，读书之事不可谓不贵。但竟有读书人对此并不买账，曾任明代内阁首辅的高拱写道：

偶遇一学究，其壁上有宋真宗《劝学文》云："书中自有黄金屋，书中自有千钟粟，书中自有颜如玉。"予取笔书其后云："诚如此训，则其所养成者，固皆淫逸骄奢、残国蠹民之人。使在位皆若人，丧无日矣。而乃以为帝王之劝学，悲夫！"

士人"富贵不能淫"的气节于此清晰可见。比宋真宗更高尚的是北宋大儒张横渠，他说读书人的使命是：为天地立心，为生民立命，为往圣继绝学，为万世开太平。煌煌斯言，声震古今！明代东林党领袖顾宪成有一副对联：风声雨声读书声声声入耳；家事国事天下事事事关心，则是在一片诗意中道出万千士人的家国情怀。

可读书人的命运，果真如孔庙中的青烟一样肃穆而典雅？如孔府中的青松一样劲直而骄傲？

"天下可忧非一事，书生无地效孤忠。"陆游这句诗，道尽书生参政的渴望和悲愤。"学而优则仕"，朝廷以此为标榜，学子以此期望，但何者为"优"却无固定标准。"屡试不第"一词在历朝史书中高频率的出现，已经可以说明一切问题。

"十年寒窗无人问，一朝成名天下知"。天下传诵的只是少数幸运儿的一朝成名，无数寒窗下默默苦读的身影则湮没无闻。后人考证，"寒窗苦读致疾"并非夸张的形容，风寒外感、中气下陷、心肾不交都是常发的"苦读病"。

明清才子佳人小说中，动辄安排主人公高中状元，不是因为中状元

人间有味是清欢——苏轼的词与情

易如反掌，而是由于及第艰难导致写小说的穷酸书生对"状元"格外热衷与渴望。

虚构的人物有中举后疯癫的范进，现实的人物则有十试不第、终生潦倒的蒲松龄。四十八岁那年，蒲松龄第六次参加乡试。文思如注、运笔如风的他，在誊写试卷时一时大意，竟然"越幅"（误隔一幅，不相接连）。蒲松龄在词《大圣乐·闱中越幅被黜，蒙毕八兄关情慰藉，感而有作》中，将考场里发现自己"越幅"后的震惊和颓丧表露无遗：

得意疾书，回头大错，此况何如！觉千飘冷汗沾衣，一缕魂飞出舍，痛痒全无。痴坐经时总是梦，念当局、从来不讳输。所堪恨者，莺花渐去，灯火仍辜。

嗒然垂首归去，何以见江东父老乎？问前身何孽，人已彻骨，天尚含糊。闷里倾樽，愁中对月，欲击碎王家玉唾壶。无聊处，感关情良友，为我欷歔。

一个偶然的差池，就惊得人魂飞魄散、如丧考妣。此时的书生，安敢以"为天地立心"、"治国平天下"自命？科举是君王收缚天下英雄的罗网，而多少寒门子弟自缚而进却被逐出门外，就像待价而沽却无人问津的家禽。

即使在偶然中遇偶然，幸运后又幸运，过关斩将，顺利地将学成的诗书礼仪"贩与帝王家"，换来一官半职，前途就注定一帆风顺吗？

杜甫用"炙手可热势绝伦"讥讽兄以妹贵的杨国忠，但功名利禄只流向莺歌燕舞的杨家，而对书香门第的杜家不感兴趣。富贵的逻辑，不同于文章的道理。这是再入木三分的诗句也改变不了的事情。

何况，君恩难测，伴君如伴虎。"一封朝奏九重天，夕贬潮州路八千"是韩愈的命运，他纵然"文起八代之衰"，"九重天"上的主儿又怎

问书生何辱何荣

会在乎？

而遭贬谪的厄运若与焚书坑儒、党锢之争、文字狱等不时出现的浩劫相比，又是小巫见大巫了。李国文说过："文人越位的结果，无非两道，一是春秋战国屈原跳进汨罗江的自杀，一是秦始皇'焚书坑儒'式的坑杀。"

"百无一用是书生"可不是挖苦，而是前人的教训，后人的警示。

问书生，何辱何惊？看透尘世游戏规则的东坡，最后停眼在佛学上："除竺乾学，得无念，得无名"。可怎样算"无念"、"无名"？他在接下来的另一首《行香子·述怀》中说得很透彻。

  清夜无尘。月色如银。酒斟时、须满十分。浮名浮利，虚苦劳神。叹隙中驹，石中火，梦中身。
  虽抱文章，开口谁亲。且陶陶、乐尽天真。几时归去，作个闲人。对一张琴，一壶酒，一溪云。

有人说：读书人的命运在外人看来是崇高的，在自己看来则是凄凉的。其实许多读书人把生命过得太过凄凉，是因为之前没有看透，所以太执迷。佛家讲，我执是痛苦的根源，"烦恼障品类众多，我执为根"。

关于"我执"，梁文道的一段话最能醒人：你所见到的，只不过是自己的想象；你以为是自己的，只不过是种偶然。握得越紧越是徒然。此之谓我执。

东坡懂得，只有放下浮名浮利，那一张琴、一壶酒、一溪云才属于自己。

注释：

①三入承明：汉代有承明殿，旁建室以供值宿侍臣居之，曰承明庐。

"三入承明"谓三次入朝为官。

②九卿:汉代仅次于三公的高级官员。

③金张七叶:金,指汉武帝的亲信贵臣金日磾。张,指汉代张安世。七叶:七代。金日磾和张安世七代为侍中常侍。

④纨绮貂缨:纨,白色细绢;绮,细绫。纨绮谓贵者之服。貂缨:用貂尾制成之冠饰。

⑤汗马:喻战功。献赋:古时辞赋家把自己所作的辞赋呈献给皇帝,求得赏识。

⑥明经:原意是明晓儒家的经书,"明经"是古代选官考试的一种科目。

⑦君平:指西汉末年蜀人严君平,他自甘寂寞,以贫贱清静守,卜筮于成都街市。

⑧郑子真:即郑朴,字子真,西汉末年隐士,躬耕于岩谷之下。

⑨寒灰炙手:寒灰,指无法富贵的人。炙手,指权势高贵的人。

⑩除竺乾学:指佛学,佛学本自西竺乾天。除:除授。

花雨入梦来

逞才斗巧是他的特长也是爱好。他写雪、柳絮、石榴花、橘树、大雁、雨，无不惟妙惟肖，情、理、趣兼备。托物言志固然是咏物作品的传统，但「纯用赋体，描写确肖」也能做出好活计。好的咏物词，需要一支妙笔，更需要一颗诗心。

水晶盐，为谁甜
——江神子（黄昏犹是雨纤纤）

大雪，有怀朱康叔使君，亦知使君之念我也。作《江神子》以寄之。

黄昏犹是雨纤纤。晓开帘。欲平檐。江阔天低、无处认青帘①。孤坐冻吟谁伴我？揩病目，捻衰髯。

使君留客醉厌厌②。水晶盐，为谁甜？手把梅花、东望忆陶潜。雪似故人人似雪，虽可爱，有人嫌。

朱康叔名寿昌，康叔是他的字。东坡在黄州躬耕时，朱康叔任鄂州太守，两人书信往还甚密，渐成至交。

雪是思念的引子，也是怀友的信物。

昨日黄昏时，天上飘洒的还是纤纤细雨，次日清晨醒来打开窗帘，却发现大雪差不多快要和屋檐齐平了。江阔天低，漫漫白雪把江边酒馆的酒旗都盖住了。

看到大雪，东坡肯定是兴奋的，说不定还出门饱看了一圈。但这首词想传达给朱康叔的既非雪景的壮观，也非东坡看到雪景的兴奋，而是潜藏的幽怨和责备。

孤坐，已露可怜之意，还冻吟。东坡就是要康叔知道自己的苦寒，甚至"揩病目,捻衰髯"的细节也要一丝不落地说给康叔听。东坡说知道自己怀念使君的时候使君也会怀念自己,但是,朱使君你宴请宾客之时,难道没有觉得座上少了一个应该出现的人吗?而这个人此刻正捧着水晶盐般的新雪,想要与你共品甘甜。看到梅花,朱使君大概会想到东边那位像陶渊明一样的朋友吧。自己像雪花一样晶莹可爱,可故人为何嫌弃,不招去把酒言欢?

东坡的心思用白话转述出来,处处散发着浓浓的闺怨气息。在古代,友人间的诗词酬唱中出现这样的思念甚至怨念,是再平常不过的事。东坡当然不是真的怪罪朱康叔,怨是假,念是真。东坡和康叔都懂。

用何物比拟雪花最贴切是古人争论不休的话题。争论的源头是《世说新语》中的一个典故:东晋太傅谢安在下雪天召集家族内的年轻人,讨论文章的用字遣词之法。不多久,谢安见雪突然大了起来,便微笑着向晚辈们考问:"白雪纷纷何所似?"侄儿谢朗答道:"撒盐空中差可拟",侄女谢道韫接了一句:"未若柳絮因风起",谢安高兴得大笑。

谢安的大笑表明他更欣赏谢道韫的"柳絮因风",而觉得谢朗的"撒盐空中"欠佳。后人也通常认为在这场"一句诗比赛"中谢道韫占了上风,其"咏絮之才"便享誉千载。

东坡也无意中卷入了这场旷古的"盐絮之争"。他在《谢人见和雪后书台壁二首》之一中有句:"渔蓑句好应须画,柳絮才高不道盐"。这是继承了谢安贬盐扬絮的传统观点。可是在这首《江神子(黄昏犹是雨纤纤)》中,他却自己也用盐来比雪。在另一首《次韵仲殊雪中游西湖》诗中东坡又说:"乞得汤休奇绝句,始知盐絮是陈言。"这分明是把盐絮都等而下之了。南宋诗人陈善说"柳絮才高不道盐"只是东坡为了与上一句"渔蓑句好应须画"对仗顺手而造的句子,不代表东坡对"盐絮之争"的真实看法。陈善对"撒盐"与"柳絮"孰高孰低有个独特的观点。

水晶盐，为谁甜

"撒盐空中"，此米雪也，"柳絮因风"，此鹅毛雪也，然当时但以道韫之语为工。予谓《诗》云："如彼雨雪，先集维霰。""霰"即今所谓米雪耳。乃知谢氏二句，当各有所谓，固未可优劣论也。（陈善《扪虱新话》）

其实雪有两种，一种是鹅毛雪，雪成片状，大而薄，落地无声；一种是米雪，雪如米粒，落在地上窸窣作响。"撒盐空中"比喻的是米雪，"柳絮因风"形容的是鹅毛雪。两个比喻本无高下之分，但有情景之别。若谢氏子弟对雪论文时下的是鹅毛雪，则谢道韫的"柳絮因风"更佳，若下的是米雪，则谢朗的"撒盐空中"更确。

雪是什么味道？掬一捧水晶般灿灿的白雪，俯脸下去，大口张开，咬啮、咀嚼，伴随着咯吱声，雪化成水，顺着舌、喉流入胸膛，冻得牙齿直打战，但此时的身体却比吃任何灵丹妙药都精神万分。甜的不是雪，而是那童趣和天真。

雪，在科学家眼里不过是"由冰晶聚合而形成的固态降水"，在城市人眼里不过是滑雪场里人工造的道具。可是不是还应该有一些眼睛，把雪看成柳絮、水晶盐，看成从天而降的诗句？

有了把雪看成"水晶盐"的眼睛，那飘落无声的雪才不寂寞。水晶盐，为谁甜？当然是书信另一端的友人。但同时，水晶盐为每一个尝雪的"孩子"而甜。

注释：
①青帘：青布做的招子，指酒旗。
②厌厌：指饮酒欢乐、沉醉的样子。《诗经·小雅》：厌厌夜饮，不醉无归。

不是杨花，点点是离人泪
——水龙吟·次韵章质夫杨花词

似花还似非花，也无人惜从教坠。抛家傍路，思量却是，无情有思。萦损柔肠，困酣娇眼，欲开还闭。梦随风万里，寻郎去处，又还被、莺呼起。

不恨此花飞尽，恨西园、落红难缀。晓来雨过，遗踪何在，一池萍碎。春色三分，二分尘土，一分流水。细看来，不是杨花，点点是离人泪。

东坡想起咏杨花的时候，其友人章质夫的杨花词《水龙吟》已是传诵一时的名作，于是东坡和了章质夫的旧韵，隐含赛诗的意味。

且看章质夫《水龙吟·咏杨花》：

燕忙莺懒花残，正堤上柳花飘坠。轻飞乱舞，点画青林，全无才思。闲趁游丝，静林深院，日长门闭。傍珠帘散漫，垂垂欲下，依前被、风扶起。

兰帐玉人睡觉，怪春衣、雪沾琼缀。绣床渐满，香球无数，才圆却碎。时见蜂儿，仰粘轻粉，鱼吞池水。望章台路杳，金鞍游荡，有盈盈泪。

不是杨花，点点是离人泪

当年李白来到黄鹤楼，望着巨浪排空、滚滚洪流的长江水，诗兴大发。但突然看见崔颢的题诗"昔人已乘黄鹤去，此地空余黄鹤楼……"，不禁心生嫉妒，恨崔颢占了先机，于是悻悻地写了首打油诗："一拳打碎黄鹤楼，一脚踢翻鹦鹉洲。眼前有景道不得，崔颢题诗在上头"。可是同题赋诗，落败的并不一定是后来者，章质夫就是那倒霉的例外。

东坡的杨花词一出，世人即不传章质夫的词，或称"质夫词，手工；坡老词，仙手"，或谓"坡公词潇洒出尘，胜质夫千倍"。次韵压倒原作，章质夫真该后悔与东坡这样的天才人物做朋友。

王国维在《人间词话》中肯定东坡此词是"最工"的咏物词，之后还不忘挖苦章质夫："东坡《水龙吟》咏杨花，和韵而似原唱；章质夫词，原唱而似和韵。"山寨压过原创，原创竟成了山寨。人的才华高下真不可勉强。正如欧阳修名言："文章如精金美玉，市有定价，非人所能以口舌定贵贱也。"

"杨花"是古诗词中常出现的意象，但它与杨树无关，而是指柳絮。古人一般称柳树为杨柳，故柳絮也常被称为杨花。柳絮本非花，准确地说，它是柳树的种子和种子上附生的茸毛。东坡说它"似花还似非花"表达的就是这种疑惑，人们称它为"花"，或许是出于对其"抛家傍路"的悲惨命运的怜惜。

世人常说某某女子水性杨花。杨花便与生性浮薄、用情不专连在一起。可在"常含泪水"的诗人眼里，杨花是飘零离散的象征，生来就是流落人间的命运。它们是那么轻，那么柔，仿佛没有重量，没有筋骨。它不香、也不艳，连世人的怜悯都挣不到。

北魏胡太后作过一首《杨白花》：

人间有味是清欢——苏轼的词与情

> 阳春二三月，杨柳齐作花。
>
> 春风一夜入闺闼，杨花飘零落南家。
>
> 含情出户脚无力，拾得杨花泪沾臆。
>
> 秋去春还双燕子，愿衔杨花入窠里。

相传这首词是为她远在南国的情人写的。胡太后本名胡承华，是北魏司徒胡国珍的女儿，被宣武帝召到后宫。她为宣武帝生下一个儿子，此儿三岁时被立为太子。宣武帝驾崩，太子继位，由于皇帝年龄太小，胡太后亲理朝政，一时大权在握。

当时有一个年轻将军叫杨白花，是北魏名将之子，"少有勇力，容貌瑰伟"。胡太后难耐寡居的寂寞，看上了杨白花，屡屡招入后宫示爱。杨白花虽不情愿，但最终还是屈服于太后的威逼利诱。杨白花本是有志之人，私下常以此为耻，加上畏惧大祸来临，小皇帝越来越大，随时都可能发现自己与太后的私情。于是在父亲死后，杨白花"拥部曲，载父尸"投奔了南朝梁国，还把名字改成了杨华。

杨华逃去之后，胡太后日夜思念，但又无法言明，百转愁肠便写了这首《杨白花》。杨白花，是柳絮亦是人名。"春风一夜入闺闼"，女人的柔肠被春风化开，但美好的时光一晃即逝，转眼"杨花飘零落南家"。胡太后心中有怨——拾得杨花泪沾臆，有念——愿衔杨花入窠里。但若胡太后真的解情，她对杨华不应有恨，这样的结果对这段感情而言，或许并不算坏。

遇得春光明媚、暖气袭人的日子，一朵朵杨花汇成一丛丛，大片大片地飞舞着，捉弄路上的行人。可是这欢愉是脆弱的。一场雨浇下来，空中的棉花糖便一朵不剩，遗踪何在？一池萍碎而已。古人误信柳絮落水之后会变成浮萍。可是那杨花却是化不了浮萍，只能混入泥土。《红楼梦》里，大观园里的"盛世闲人"们也填过一组柳絮词，黛玉的那首最

不是杨花，点点是离人泪

为悲戚：

> 粉堕百花洲，香残燕子楼。一团团、逐对成球。漂泊亦如人命薄，空缱绻，说风流！
>
> 草木也知愁，韶华竟白头。叹今生、谁舍谁收！嫁与东风春不管，凭尔去，忍淹留！

柳絮像人一样，无来由地被抛在无情的人世间，它们互相追逐，想要成对成球，是要寻找寄托和依靠。但漂泊之命难违，再玲珑美好，又有什么风流可言？柳絮仿佛从来没有年轻过，生来就是白头。谁舍谁收？世人有几个会像潇湘妃子一样懂得葬花呢？想葬也难葬，飘来飘去，难舍难收。最后的命运，只能是嫁与东风，随意飘到哪里，到哪里便埋哪里。

从飞离树枝的那刻起，杨花才算有了自己的生命，可它掌握不了自己生命的行程。它可以随风飞扬，却也难逃被雨水浇成"一池萍碎"。所以流落的文人和薄命的红颜，才会在杨花身上看到自己的命运。杨花是漂泊无常的象征，是聚散匆匆的见证。东坡此词虽有游戏之意，但若没洒过几次"点点离人泪"，是写不出这样动情的篇章的。

人比橘傲
——浣溪沙·咏橘

菊暗荷枯一夜霜。新苞绿叶照林光。竹篱茅舍出青黄。
香雾噀人惊半破，清泉流齿怯初尝。吴姬三日手犹香。

  南国多橘，楚地更是橘树的故乡。《汉书》盛称"江陵千树橘"，江陵即在黄州附近。东坡到黄州之后，领略到这一胜景，更切身体会到橘树的高贵品格。东坡这首咏橘词，让人惊叹之处并非构思、用词的巧妙，而是入微的观察和盎然的情趣。若无一颗对生活永远保持新鲜感的心，是断不能到达这样的妙处的。

  咏物诗词分两种，一种延续《诗经》以来的美刺传统，托物言志，每写一物，即寓一意。这是咏物"正宗"，历来频有佳作，如骆宾王《在狱咏蝉》："西陆蝉声唱，南冠客思深。不堪玄鬓影，来对白头吟。露重飞难进，风多响易沉。无人信高洁，谁为表予心？"一声声蝉鸣，其实是一句句心声。

  而另一种，是直写物象的纯粹咏物，相比之下，似乎沦为非主流。但实际上，"纯用赋体，描写确肖"，若选材练意得体、酌句谋篇得法，同样可作出精美工致的活计。如东坡咏橘，虽平淡无深意，亦足以令人低回寻味不已。《文心雕龙》中，咏物的最高标准是："写气图貌，既随物以宛转；属采附声，亦与心而徘徊"。此词可谓丝毫无愧。

人比橘傲

秋来气凉,荷叶已枯黄,菊花也暗淡了,又逢一夜冰霜。可橘子的香甜竟受益于冰霜的击打,如白居易所言:"琼浆气味得霜成"。不惧冰霜,反爱冰霜,橘树与东坡有同样的傲骨。相同的寓意,东坡还写过一首诗《赠刘景文》:

荷尽已无擎雨盖,菊残犹有傲霜枝。
一年好景君须记,最是橙黄橘绿时。

常人写秋景,大多一味悲秋。西风落叶,本亦可悲,但悲得多了,就只见牙慧不见悲意了。东坡没有悲人之悲,反以橙黄橘绿写出秋天里的勃勃生机,是对朋友品格和操守的夸赞,也可看做对自我的慰勉。

这首词没有沿着傲霜精神写下去,只是点到为止,最妙的是下阕三句,准确地说是三个词:惊半破、怯初尝、手犹香。惊,惊于橘皮迸裂时香雾溅人;怯,怯于橘汁的凉冷和酸叶。谁惊谁怯?吴姬。江南少女手留余香,词的读者心有余味。

对喜欢的事物,东坡从不吝惜笔墨,他还有《食柑》诗:

一双罗帕未分珍,林下先尝愧逐臣。
露叶霜枝剪寒碧,金盘玉指破芳辛。
清泉蔌蔌先流齿,香雾霏霏欲噀人。
坐客殷勤为收子,千奴一掬奈吾贫。

橘树是一种奇特的树种,春秋时期的晏子就注意到,"橘生淮南则为橘,生于淮北则为枳"。它挑选水土,只在楚国大地上才甘愿结出甜美的果实。"良禽择木而栖,贤臣择主而事",良木择地而生。屈原年少时,曾咏橘明志。在那常含泪水的眼睛里,这份"受命不迁,生南国兮"的执著,是可贵而可傲的。

人间有味是清欢——苏轼的词与情

　　嗟尔幼志，有以异兮。独立不迁，岂不可喜兮？深固难徙，廓①其无求兮。苏世独立②，横而不流兮。闭心自慎，终不失过兮③。秉德无私，参天地兮。愿岁并谢④，与长友兮。淑离不淫，梗其有理兮⑤。年岁虽少，可师长⑥兮。行比伯夷，置以为像⑦兮。

　　伯夷是商朝的遗民，他弟弟叫叔齐。周武王伐纣时，两个人出来阻拦，直言武王父死不葬是不孝，以臣弑君是不忠。商朝灭亡后，伯夷、叔齐"誓不食周粟"，不吃周朝的粮食，相携去首阳山采薇菜吃。他们并非顽固地维护旧朝，而是以生命为代价来向天下人宣扬非暴力的政治原则，他们唱着《采薇》歌：

　　登彼西山兮，采其薇矣。以暴易暴兮，不知其非矣。神农、虞、夏忽焉没兮，我安适归矣？吁嗟徂兮，命之衰矣！

　　以暴易暴是一种罪恶，但全天下人都不以为非，反而称赞以臣弑君之人的英勇神武。伯夷、叔齐不从流俗，坚持己见，最终饿死在首阳山。
　　有一些骄傲看起来很傻，有一些执著看起来很迂，比如伯夷、叔齐的饿死。更让俗人费解的是，这样的傻和迂，竟总能得到传承。
　　屈原以橘自比，以伯夷为榜样，并非说说而已。"正道直行，竭忠尽智"的屈原，遭小人谗间，被楚王放逐，忧愁幽思而作《离骚》。以屈原之才，本可游仕他国，但他秉持"受命不迁，生南国兮"的橘树之性，宁愿神色憔悴地在祖国的荒野里浪游。

　　渔夫问屈原，原来的国家大臣，何以沦落至此？
　　屈原答：举世混浊而我独清，众人皆醉而我独醒，所以被放逐。

人比橘傲

渔夫教导他说,"圣人"就要能与世浮沉,举世混浊,何不随波逐流?众人皆醉,何不与他们一起醉?

渔夫的教导常为后世的犬儒主义者引用,来为他们的"聪明选择"做依据。可总有那么一些人,明明知道聪明路在哪儿,还是继续走傻路。就像爱干净的人容忍不了脏衣服一样,他们容忍不了给心罩上一层尘土,即使这尘土再"肥沃"。与明心蒙尘的侮辱相比,屈原觉得葬身江鱼腹中反而是更好的选择,于是他选择了汨罗江,永远抛弃了抛弃他的庙堂。

"自疏濯淖污泥之中,蝉蜕于浊秽,以浮游尘埃之外,不获世之滋垢,皭然泥而不滓者也。"太史公这样推许屈原。像橘一样,独立于世,自贵自洁,虽死不屈。

同样被放逐,东坡躬耕于黄州,自牧自耕、自斟自饮、自娱自乐,比屈原多了潇洒自适,少了凄苦怨怼。但橘的高贵与骄傲,是两人共有的精神。在霜风凄紧、众芳凋零时,每一株傲枝都为后来者指引着另外一种生命的可能。

注释:

①廓:胸怀开阔。

②苏世独立:独立于世,保持清醒。横而不流:横立水中,不随波逐流。

③闭心:安静下来。失过:过失。

④愿岁并谢:愿意与年岁一起凋谢,意为誓同生死。

⑤淑离:美丽而善良自守,"离"同"丽"。梗:正直。

⑥可师长:可以为师表。

⑦像:榜样。

花前对酒不忍触
——贺新郎·夏景（乳燕飞华屋）

乳燕飞华屋。悄无人、桐阴转午，晚凉新浴。手弄生绡①白团扇，扇手一时似玉②。渐困倚、孤眠清熟③。帘外谁来推绣户，枉教人、梦断瑶台曲。又却是、风敲竹。

石榴半吐红巾蹙。待浮花、浪蕊都尽，伴君幽独。秾艳一枝细看取，芳心千重似束。又恐被、西风惊绿。若待得君来向此，花前对酒不忍触。共粉泪、两簌簌。

这首词的主角又是美人，夏日午后一位与榴花相映成景的美人。

苏轼没有交代美人的姓名，甚至连象征身份的特征都未提及，所以引来众说纷纭。有人说，东坡知杭州时，一次在西湖宴集，官伎秀兰浴后倦卧，姗姗来迟，折一枝榴花请罪，东坡乃作此词。又有人说，这首词是东坡在杭州万顷寺所作，当时寺内有榴花树，那天正有歌者昼寝。还有人说，是东坡为侍妾榴花作的。

所有这些猜测都有鼻子有眼，却都建立在一个未必正确的前提下：写美人的诗词一定要因美人而起。若相信这个前提，"制芰荷以为衣兮，集芙蓉以为裳"的屈原只能被当做一位异装癖了。人们忘记，自屈原将香草美人与君国之思连接起来，美人和君子就不再有明显的性别之隔。

屈原遭谗被放逐之后，"睠顾楚国，心系怀王……一篇之中，三致志

花前对酒不忍触

焉"。但他没有直言君臣之义，遣怀寄意都借香草美人来表达。"善鸟香草，以配忠贞；恶禽臭物，以比谗佞；灵脩美人，以媲於君"。从此，每一种花木鸟虫被中国文化认养，开始有了自己的品格。而美人也有了良臣、明主的喻义。

"日月忽其不淹兮，春与秋其代序。惟草木之零落兮，恐美人之迟暮"，屈原的歌辞在后代不断响起，为多少诗人提供了思考的通道。

"天下才有一石，曹子建独占八斗"的曹植，在继位之争中失势，被兄长曹丕妒忌、压制，年少时"长驱蹈匈奴，左顾陵鲜卑"，"捐躯赴国难，视死忽如归"的抱负都付诸流水。屡求自试而不可得之后，他写下《杂诗·南国有佳人》：

> 南国有佳人，容华若桃李。
> 朝游江北岸，夕宿潇湘沚。
> 时俗薄朱颜，谁为发皓齿？
> 俯仰岁将暮，荣耀难久恃。

几代之后，杜甫身逢安史之乱，陷身贼手而不忘君国，竭忠尽诚却落得降职弃官、漂泊流离，于是也化身一位佳人，倾诉心中的苦愤：

> 绝代有佳人，幽居在空谷。
> 自云良家女，零落依草木。
> 关中昔丧乱，兄弟遭杀戮。
> 官高何足论，不得收骨肉。
> 世情恶衰歇，万事随转烛。
> 夫婿轻薄儿，新人已如玉。
> 合昏尚知时，鸳鸯不独宿。

171

人间有味是清欢——苏轼的词与情

> 但见新人笑，那闻旧人哭。
> 在山泉水清，出山泉水浊。
> 侍婢卖珠回，牵萝补茅屋。
> 摘花不插发，采柏动盈掬。
> 天寒翠袖薄，日暮倚修竹。

美人的比喻不独适用于君臣之间，朱庆馀有诗《近试上张水部》：

> 洞房昨夜停红烛，待晓堂前拜舅姑。
> 妆罢低声问夫婿，画眉深浅入时无。

表面上，写的是男女闺房情事，沉醉于幸福中的新娘在即将拜见公婆时心生忐忑。其实诗人是一位应举的士人，考前怕自己的作品不合主考官张籍之意，特写此诗征求意见。张籍则以《酬朱庆馀》做答：

> 越女新妆出镜心，自知明艳更沉吟。
> 齐纨未足时人贵，一曲菱歌敌万金。

一来一往，本是干谒求进之事，被诗歌包装之后却显得含蓄委婉、格调清新。

不同的作者，相异的心境，笔下的美人也有"环肥燕瘦"之别。杜甫总是悲痛沉郁地苦吟着，他笔下的美人便是"天寒翠袖薄，日暮倚修竹"。而东坡描绘的美人往往是雍容华贵的贵妇人形象。杜甫以萧萧修竹映衬高洁、落寞的佳人，东坡则用秾艳独芳的榴花为美人画像。

榴花是怎样的花？当夏之时，千花褪尽，榴花独芳。与秋菊的清雅、淡泊、冬梅的高傲、无畏相比，榴花在最炎酷的季节绽放自己，在最热烈的时候热烈。白居易说："山榴花似结红巾，容艳新妍占断春。"当寻常的那些"浮花浪蕊"都已零落时，只剩繁盛的榴花一枝浓艳。

正如人要寻知己，曲要觅知音，花总是要人来赏。王阳明说："你未看此花时，此花与汝心同归于寂；你来看此花时，则此花颜色一时明白起来，便知此花不在你的心外。"花只在看花人的心中，所以榴花要"伴君幽独"。

榴花不言，有芳心千重似束。在花前细看的美人，懂得花的心思，因为她本身也是花儿一朵。红颜易老，美人最怕迟暮，榴花亦然。秋日一近，绿叶将被西风摧残。到时候，此时的赏花人难免对酒伤怀，泪珠儿、花瓣儿将一起簌簌落下。

用哪种态度待花最好，一直是个难题。是"花开堪折直须折，莫待无花空折枝"，还是像黛玉那样扫进绢袋，葬入花冢？其实最可爱的且最可学习的，是胡适的《兰花草》：

> 我从山中来，带着兰花草。
> 种在小园中，希望花开早。
> 一日看三回，看得花时过。
> 兰花却依然，苞也无一个。

> 转眼秋天到，移兰入暖房。
> 朝朝频顾惜，夜夜不相忘。
> 期待春花开，能将夙愿偿。
> 满庭花簇簇，添得许多香。

注释:

①生绡:生丝织品,即织成后未经煮捣的薄绸。

②扇手一时似玉:指白团扇和嫩白手相接,乍看像连在一起的白玉一般。典出《世说新语·容止》:说王夷甫美貌而皮肤洁白,一手提白玉柄麈尾(即拂尘),白玉柄与手指都无分别。

③清熟:形容睡觉恬静酣熟。

万重云外有征鸿
——水龙吟·雁

　　露寒烟冷蒹葭老①,天外征鸿寥唳。银河秋晚,长门灯悄,一声初至。应念潇湘,岸遥人静,水多菰米②。乍望极平田,徘徊欲下,依前被、风惊起。

　　须信衡阳万里,有谁家、锦书遥寄。万重云外,斜行横阵,才疏又缀。仙掌月明③,石头城下,影摇寒水。念征衣未捣,佳人拂杵,有盈盈泪。

元丰七年(公元1084年)四月,苏轼离开黄州,移汝州,仍旧是团练副使、本州安置,但汝州离政治中心开封要近得多,所以这表面上的平级调动实际上意味着苏轼的身份由得罪贬窜向赋闲待用转变。既然是赋闲待用,苏轼便不着急去汝州,于是兜了个圈子,沿长江而下。先是在九江登岸爬了庐山,然后去筠州与弟弟苏辙会面,接着苏轼到了金陵。在这里,他拜访了已罢相八年的王安石,两人相谈甚欢,化解了之前的龃龉。

　　离开金陵向北行,苏轼思念起暂住金陵的妻妾。这首《水龙吟·雁》因思念而起,随鸿雁而飞,飞向石头城里的如花美眷。

　　万里云外有征鸿,云天之下有行人。行人见征鸿,会思远人,念征

人间有味是清欢——苏轼的词与情

程,叹别离。征鸿见行人,是不是也会有恁多心思?征鸿大概不会寂寞,因为不论北归还是南翔,雁多成群结队、排行列阵,会有伙伴。

可是,人在人群中会寂寞,雁在雁阵或许也会寂寞。天上不是家乡,落叶总要归根,再遥远的飞行也有个终点,再潇洒的灵魂也有根线牵着。天高任鸟飞,那只是不会飞的人的妄想。

鸿雁传书是一件浪漫的事情,可历史上大雁是否真正当过人类的信使却是不确定的事。细究起来,鸿雁传书的故事并不美好。

汉朝时,苏武出使匈奴被扣,之后长年在北海牧羊,生活艰辛,"掘野鼠去草实而食之",但忠贞不屈。后来汉匈和亲,汉朝使者出使匈奴时,便要求单于归还苏武等人。匈奴不愿意放归苏武,谎称苏武已死。于是汉朝使者对单于说:"天子在上林苑射猎,射下一只大雁,雁脚上系着帛书,上面写着苏武就在北海的某个地方。"单于听闻此言,惊讶万分,不得已才把苏武释放了。

但苏武从未托大雁传书,汉使早就知道苏武就在北海,并料到单于不会痛快放人,所以特意扯了这个谎来击破单于的谎言。

真相不浪漫,但是人们却一厢情愿地迷信着鸿雁传书的传说,而且故事越来越美好。

"云中谁寄锦书来?雁字回时,月满西楼。"这是李清照新婚不久,寄给负笈远游的丈夫的情信。带着轻愁的思念和期盼,略含埋怨,但更多的是美好。可怜易安居士在国破夫亡、凄凄惨惨戚戚的晚年,又见到旧时之雁:"雁过也,正伤心,却是旧时相识。这次第,怎一个愁字了得!"

王湾思乡时,会期待:"乡书何处达?归雁洛阳边";杜甫怀念李白时会担心:"鸿雁几时到,江湖秋水多";李煜思念故国时,会感叹:"雁来音信无凭,路遥归梦难成"。雁是信使,是寄托。

万重云外有征鸿

这美丽的迷信,是古人心照不宣的秘密。

人们把雁塑造成如此通情的形象,但并未因此就对它们格外友善。战国时有个神射手叫更羸,有一天他与魏王一起在京台之下,更羸向魏王夸耀说,自己拉弓虚射就可以把鸟射下来。说话间,一只羸弱的雁从东方徐徐飞来。更羸摆好姿势,拉满弓弦,虚射一箭,雁应声而落。

原来更羸观察到这只雁飞得缓慢、鸣叫悲戚,判断出它不仅身有隐伤,而且心余惊恐。听到弦鸣,这只雁就会猛地扇动翅膀往高处飞,牵动旧的创伤,疼得跌落下来。这就是"惊弓之鸟"的故事。这个故事想要说的不仅是人的聪明,还有雁的蠢笨,却唯独没有提到人的残忍。

幸好不是每一个人都忽视了人对雁的残忍。金代诗人元好问曾写《摸鱼儿·雁丘词》:

问世间、情是何物,直教生死相许?天南地北双飞客,老翅几回寒暑。欢乐趣,离别苦,就中更有痴儿女。君应有语,渺万里层云,千山暮雪,只影向谁去?

横汾路,寂寞当年箫鼓,荒烟依旧平楚。招魂楚些何嗟及,山鬼暗啼风雨。天也妒,未信与,莺儿燕子俱黄土。千秋万古,为留待骚人,狂歌痛饮,来访雁丘处。

原来,那日元好问在路上碰到一人在卖捕杀的大雁。捕雁者自述,他捕获一只雁后,那只逃脱落网的"幸运儿"不断悲鸣,最后竟然坠地自杀。猎人在讲这个故事时,眼光中应该是疑惑、不解,还有一丝守株待兔后的喜悦。说者无心,听者却被感动。元好问花钱买下这对雁,把它们葬在汾水岸边,堆石为记,名为雁丘,并写下这首雁丘词。

幸运的猎人撞到两件傻事:痴雁自杀和痴人葬雁。可是痴雁完成了"在天比翼,在地同穴"的誓愿,痴人洒了几滴热泪,记下这千古奇情。

猎人得到的钱财,与痴雁、痴人的所得相比,孰轻孰重?

　　人会赌咒,会发誓,会说"生同寝,死同穴",会说"海枯石烂"。雁什么也不会,只会悲鸣不已,只会坠地自戕。但感天动地的是迂而痴的雁,而不是会变通的人。若不痴、不傻,又怎能忠贞守一、生死不离?

　　东坡是一个幸运的男人,他生命中的每一个女人都是值得思念、守望和期许的。石头城下,寒水中月影频摇;石头城里,寒舍内佳人望月怀远。在政治变动的微妙时期,谁也不清楚未来会发生什么。但至少还有愿意为他"捣征衣"的佳人与他相濡以沫。有了这样一种确定,东坡即使走夜路也会更气定神闲一些。

注释:
①蒹葭:芦苇。
②菰米:又名雕菰米,茎可做饭,名"茭白"。
③仙掌月明:汉武帝曾以铜做承露盘,高二十丈,大十围,上有仙人伸掌承接露水。金铜仙人在长安建章宫,此处以仙掌喻指金陵宫阙。

一蓑烟雨任平生
——定风波（莫听穿林打叶声）

三月七日，沙湖道中遇雨。雨具先去，同行皆狼狈，余独不觉。已而遂晴，故作此词。

莫听穿林打叶声。何妨吟啸且徐行。竹杖芒鞋轻胜马，谁怕？一蓑烟雨任平生。
料峭春风吹酒醒，微冷，山头斜照却相迎。回首向来萧瑟处，归去，也无风雨也无晴。

如果要在苏轼的诗词中选一句来形容他这一生，那么最贴切的非"一蓑烟雨任平生"莫属。凉雨侵人，春风料峭，林间沙路上，境中有一人，身无雨具却步伐从容，且一边吟咏长啸。一场雨寓意着一生，在命运的风雨吹打里，苏轼不正是一直这么泰然前行么？

在诗人笔下，雨是变化万端的仙子，浓妆淡抹总相宜。许浑"山雨欲来风满楼"说的是紧张，韩愈"天街小雨润如酥"写的是清新，李商隐"何当共剪西窗烛，却话巴山夜雨时"寄的是思念，杜牧"南朝四百八十寺，多少楼台烟雨中"发的是怀古幽情，李煜"帘外雨潺潺，春意阑珊"记的是梦里江山，李清照"梧桐更兼细雨，到黄昏，点点滴滴"诉的是凄婉。

雨的姿态不仅因人而异，而且即使在同一个人眼里，雨的模样也是变动不居的。

如那蒋捷自述：

"少年听雨歌楼上。红烛昏罗帐。壮年听雨客舟中，江阔云低、断雁叫西风。

而今听雨僧庐下，鬓已星星也。悲欢离合总无情，一任阶前点滴到天明。"

少年听雨歌楼上。

蒋捷出身世家，家境良好。他的青春是歌舞的青春。摇曳的红烛，曼妙的歌女，罗帐里荡漾着燕语莺喃。如果这雨中带有一丝愁味，那也是"少年不识愁滋味"的强说愁。在光与色的组合中，闪烁的是青春和欢乐的幻想。但青春与欢乐都是短暂易逝的。

壮年听雨客舟中。

少年听雨的镜头是楼内近景，到了此时，镜头从舟中探出，摄入一幅水天辽阔、风急云低的江上求雨图。那只在风雨中失群单飞的大雁，正是蒋捷自己的影子。

蒋捷生于宋、元易代之际，大约在宋度宗咸淳十年（公元1274年）中进士。蒋家与岳家是世交，年少的蒋捷和岳飞一样有精忠报国之志。可命运捉弄了他，蒋捷中的进士成了南宋的末代进士。未过几年，南宋灭亡。进士还没坐稳的蒋捷顿时失去奋斗的目标。

壮年的蒋捷失去了"软语灯边、笑涡红透"的家庭温暖，只得在"万叠城头哀怨角"的乱世中东奔西走、漂泊四方。江山之大，尽属异族，已无他栖息之地。他的一腔旅恨、万般离愁都被涂写在这幅江雨图中。

一蓑烟雨任平生

而今听雨僧庐下。

少年头早白，滚烫的心也渐渐冰凉。

年老体衰的蒋捷，寄居在太湖上一个孤岛的竹林中，从此"竹山"成了他的号。史载蒋捷"宋亡不仕，抱节以终"。他自知没有气力恢复赵宋江山，但仍揣着衣冠礼仪之邦的残梦。他以"竹山"为号，就是要像竹子一样挺直，宁折不屈。在木鱼声中禅定，就成了他的宿命。

僧庐下，白发老人独听夜雨。苍老的心已尝遍悲欢离合的滋味，衰枯的身体经历了江山易主的桑田之变。少年的欢乐和壮年的愁恨一起埋在幽深的湖底，听任暗流去冲刷。伸手下去，打捞上来的只有一腔空虚、万念如灰。

雨声依旧滴滴答答地敲着石板，此时此刻的蒋捷虽听出了雨声的无情，自己却早已木然无动于衷了。

不管是"山雨欲来"的紧张，"小雨如酥"的清新，"到黄昏，点点滴滴"的凄婉，还是少年听雨的欢乐，壮年听雨的抑郁，甚至暮年听雨的木然，都是一种明确的情绪，但东坡这阕《定风波》，其妙其怪之处却在于，它表达的不是某种明确的情绪或想法，它营造的不是"有"，而是"无"。

莫听穿林打叶声。雨中不听雨，那要听什么呢？东坡不说。何妨吟啸且徐行。前方的路通向哪里？东坡不说。一蓑烟雨任平生。这平生是要悲要喜，要聚要散呢？东坡不说，只是"任"之。

料峭春风吹酒醒，微冷。微冷是清凉多一点，还是寒冷多一点？东坡不说。山头斜照却相迎。夕阳无限好，只是近黄昏。更强调无限好，还是更强调近黄昏？东坡不说。归去。归去田园，还是归去朝堂？东坡不说。

东坡什么都说到了，但什么都不说透。像个写小说的高手，把疑问

人间有味是清欢——苏轼的词与情

一直埋到最后，到最后却仍然是疑问。这首词的序分明说"已而遂晴"，明白指出天放晴了，"山头斜照"的出现也证明了这一点。但东坡却故作矛盾，以一句"也无风雨也无晴"结了尾。

"何妨吟啸且徐行。竹杖芒鞋轻胜马。谁怕？一蓑烟雨任平生"，从这几句能明显读出东坡在道中遇雨之后的从容淡定、坦然自适。但坦然之后却又再无其他。既没有对狼狈的同行者进行揶揄，也没有抒发雨过天晴的愉悦，连天晴都说成了"也无风雨也无晴"。仿佛什么都没有发生过，天没有下过雨，雨没有发出过"穿林打叶声"，东坡也没有在雨中"吟啸徐行"过……

东坡在这首词的落脚处留了白。

音乐中的留白是为"此处无声胜有声"，中国画中的留白是为"此处无物胜有物"。创作者之所以留白，是相信他留的白会由听者、读者自动填充，用心去填充。这是作者和受众的默契，像一种隔绝时空、不定身份的游戏。

补残词，漏残梦
——洞仙歌（冰肌玉骨）

仆七岁见眉山老尼姓朱，忘其名，年九十余，自言：尝随其师入蜀主孟昶宫中。一日大热，蜀主与花蕊夫人夜起避暑摩诃池上，作一词。朱具能记之。今四十年，朱已死，人无知此词者。但记其首两句，暇日寻味，岂《洞仙歌令》乎，乃为足之。

冰肌玉骨，自清凉无汗。水殿风来暗香满。绣帘开，一点明月撩人，人未寝，欹枕钗横鬓乱。

起来携素手，庭户无声，时见疏星渡河汉。试问夜如何，夜已三更，金波淡，玉绳低转。但屈指西风几时来，又不道流年暗中偷换。

东坡七岁时遇见一个九十多岁的老尼，老尼跟他讲了自己年轻时候亲历的一件前朝旧事，故事的主人公是后蜀末代皇帝孟昶和花蕊夫人。

孟昶的命运和南唐后主李煜类似，都是被宋太祖赵匡胤灭国之后归附北宋，归附后又都不得善终。在改朝换代的历史大潮中，他们扮演的都是悲剧性角色。更为巧合的是，两个亡国之君又都是词场上的高手。李煜的才华我们不必多说，孟昶也是一位好填词、工声律的君主。孟昶还是对联的发明者，自然也是历史上第一副对联的创作者。当年，他的对联写的是：新年纳余庆，佳节号长春。

花蕊夫人是孟昶之妃，本姓徐，以美艳聪慧著称。美女以花为名并不足为奇，但她却名为花蕊，因为花已不足以形容其姿色，花蕊显得更轻盈、香艳。

相传孟昶最为怕热，于是在摩诃池上建筑水晶宫殿，作为避暑之地。盛夏夜晚，备鲛绡帐、青玉枕，铺着冰簟，叠着罗衾，孟昶与花蕊夫人便在此享受清凉。九十多岁的老尼，一直记着孟昶为花蕊夫人作的一首词，并讲给了年幼的苏轼。四十年后，苏轼谪居黄州，还记得老尼讲的故事和故事中的词，但词只记得两句了："冰肌玉骨，自清凉无汗"。

可惜只记得两句了，如果是乾嘉学派那些有考据癖的人遇到这类难题，他们大概会一头扎进古书丛中，翻个灰头土脸、海枯石烂，最后也许只能得出一个严谨而无意义的结论：不可考。而东坡这样的文学奇人，不会选择这办法，他的办法很简捷：补成完篇。

面对一件残缺不全的出土文物，考古学家会选择原封不动加以保存，这是学术规范；商人会考虑修复之后高价卖出；艺高胆大、心闲气盛的艺术家，才能从两块残片中看出它的原型，并不辞辛苦、不计目的地收集材料、设计方案，照着心中设想的模样使它复原如初。也许九牛二虎之力换来的只是案头的一件摆设和朋友圈里的几句自吹自擂，但他们就是愿意管这件无人在乎的闲事。

不得不说，东坡的手艺的确精湛。

原词"冰肌玉骨"一语甚妙，与"花容月貌"相似而有高下、雅俗之别。盛夏之时，花蕊夫人的肌骨冰凉玉润，全无汗染。东坡一句"水殿风来暗香满"恰好相接，"冰肌玉骨"是仙人，可仙界虽好，高处不胜寒，"暗香满"就点出了"仙人"身上的人气。不过东坡也没有全说透，

补残词，漏残梦

暗香是殿内焚焙之香，摩诃池莲荷之香，还是美人体自生香？每个读者都可以有自己的想法。东坡的文心笔力，在这一句就显露出来。

东坡是以孟昶的心去写，是以孟昶的眼去看。他写的是安富尊荣的皇帝和花容月貌的贵妃，但没有暗示对奢侈淫逸的批评，或者对他日后亡国之恨的感慨，只是写了一男、一女、一闲事。花蕊夫人是直写，"冰肌玉骨"、"欹枕钗横鬓乱"是也；孟昶暗中出场，"携素手"是也。一闲事，不过是两人夏夜携手闲步中庭。

此词营造出一派清绝之境。清绝之境不难写，尤其是秋夜之清绝，如杜牧的"银烛秋光冷画屏"。但要写炎夏之夜的清绝却极难落笔。孟浩然写过"微云淡河汉，疏雨滴梧桐"，当时一座惊叹。东坡"时见疏星渡河汉"，足以抵之，写的是大热中之清绝。

整首词都是东坡设身处地为孟昶和花蕊夫人二人安排的情节。因天热，人不能寐，钗横鬓乱。风来水殿，月舞当空，于是两人携手而出。深宵，寂无人语。抬头望天，银河寂静而恬淡，时见流星一点，掠过其间。两人又不禁共语：何时夏尽秋来，溽暑退去呢？

在他笔下，这两个人仿佛不是历史中的人物，而是虚构的两个角色。他们就像为这首词而存在，默默地演完这场戏，然后鞠躬，转身退出舞台。可历史没有如约终止，像残忍的车轮滚滚前行，碾碎了这寂静的美好。

孟昶在位三十年后，北宋军队在大将王全斌指挥下分两路伐蜀。脆弱不堪的后蜀军队战败，投降。孟昶没有选择的余地。后蜀亡后，被赵匡胤强纳入后宫便成了花蕊夫人的唯一命运。

不过与孟昶相比，花蕊夫人在历史上的身影要更刚直一点。孟昶留下的是"七宝溺器"的笑柄。孟昶的溺器上用七宝作装饰，当这件战利品到了宋太祖手中时，宋太祖命人全部打碎。他说，如此奢侈，不亡国才是怪事！而花蕊夫人留下的却是一首《述国亡诗》：

> 君王城上竖降旗，妾在深宫那得知？
> 十四万军齐解甲，更无一个是男儿！

"流年暗中偷换"，终于把情投意合换成了国破家亡。东坡的妙手可以补全一首词，却补全不了孟昶和花蕊夫人的"仲夏夜之梦"。岂止补不全古人的梦，他几时又补全过自己的梦？文字有时是那么有力，能搭建出一整个世界，有时又那么疲弱，就像一针致幻剂，只有自欺欺人的功效。文字结束，药效结束，一切依旧真实如血。

论古总为伤今，东坡虽未明言，但兴寄全在词中。炎夏之际，谁都盼望着秋风送爽。但真正夏过秋来，又该感叹"流光容易把人抛"。在人生苦境中，每个人都在不断追求将来要出现的美境。但美境到来之后，又成了另外一种苦境：如此循环，永不止息——而岁月，就在人不断期望又不断失望的循环中悄悄老去。

其实，东坡的意思应是：唯有当下值得把握。

后 记

　　一本著作的完成需要许多人的默默贡献，闪耀的是集体的智慧。其中铭刻着许多艰辛的付出，凝结着许多辛勤的劳动和汗水。

　　本书在策划和编写过程中，得到了许多同行的关怀与帮助，及许多老师和作者的大力支持，在此向以下参与人员致以诚挚的谢意：许长荣、上官紫微、张云、李倩、刘默、陈思思、周凯、赵智、王光波、王阳、张平、韩佳媛、刘亨巧、杨茜彦、丁敏翔、胡明媛、罗舒予、白静、甘红竹、李丽丽、吴虹展、周珊、齐艳杰、王杰、付玮婷、高琦、陆晓菲、李惠、贾更坤、李娟、梁好婷、李伟军、杨艳丽、张艳芬、何瑞欣等。

　　本书在编写过程中，借鉴和参考了大量的文献和作品，从中得到了不少启悟，也汲取了其中的智慧菁华，谨向各位专家、学者表示崇高的敬意——因为有了大家的努力，才有了本书的诞生。

我们真诚回报

亲爱的读者朋友，首先感谢您阅读我社图书，请您在阅读完本书后填写以下信息。我社将长期开展"读石油版书，获亲情馈赠"活动，凡是关注我社图书并认真填写读者信息反馈卡的朋友都有机会获得亲情馈赠，我们将定期从信息反馈卡中评选出有价值的意见和建议，并为填写这些信息的读者朋友 免 费 赠送一本好书。

您的资料

您的姓名：_____ 性别：_____ 出生年月：_____ 电话：_____
文化程度：_____ 单位名称：_____
通信地址：_____ 邮编：_____
E-mail：_____ 特别提示新老读者：您的资料是我们与您取得联系、反馈信息最重要的途径，请务必填写工整。如果您的联络方式发生了变化，请再次填写此卡并及时邮寄或传真到我社。

您的意见 《人间有味是清欢——苏轼的词与情》

"阅读大中国"问卷调查

1. 您购买本书的动因_____
2. 您购买本书通过哪种渠道_____
3. 您是如何知道本书的_____
4. 您认为本书最打动您的地方在哪里_____
5. 您一般在什么场所阅读本书_____
6. 您还购买了这个系列中的哪几本书_____
7. 您认为这一系列中哪本书最好_____
8. 您认为与市场同类书比起来，本书的优势/劣势在哪里_____
9. 您对本书的建议_____

"阅读大中国"系列图书

书号 7759/7754/7782/7757/7758/7773/8697/8690/8760/8593/8725/8698/8810/8819
书名 宋词是一朵情花/最风流 醉唐诗/最美不过诗经/最是元曲销魂/魏晋风骨化沉香/汉代琅华照寒烟/宋词是一朵情花Ⅱ/最美不过诗经Ⅱ/最风流 醉唐诗Ⅱ/徐志摩 风往哪里吹/张爱玲 她从海上来/林徽因 人间四月天/秦汉红颜 那些爱与哀愁/唐宋红颜 当我途经你的盛放

我们的联系方式

联系地址：北京安定门外安华里二区一号楼 石油工业出版社 大众图书中心 艾嘉
邮编：100011 E-mail：freeflybb@126.com 网址：www.petropub.com.cn

淡逸旷达

【苏轼的词】

石油工业出版社

目　　录

浣溪沙（山色横侵蘸晕霞）……………………………… 1
蝶恋花（记得画屏初会遇）……………………………… 1
渔家傲（一曲阳关情几许）……………………………… 1
减字木兰花（莺初解语）………………………………… 1
南歌子（雨暗初疑夜）…………………………………… 2
南歌子（日出西山雨）…………………………………… 2
南歌子（带酒冲山雨）…………………………………… 2
华清引（平日十月幸莲汤）……………………………… 2
点绛唇（月转乌啼）……………………………………… 3
虞美人（深深庭院清明过）……………………………… 3
蝶恋花（雨霰疏疏经泼火）……………………………… 3
蝶恋花（蝶懒莺慵春过半）……………………………… 3
浣溪沙（风压轻云贴水飞）……………………………… 4
诉衷情（小莲初上琵琶弦）……………………………… 4
如梦令（城上层楼叠巘）………………………………… 4
减字木兰花（云鬟倾倒）………………………………… 5
鹧鸪天（罗带双垂画不成）……………………………… 5
浪淘沙（昨日出东城）…………………………………… 5
浣溪沙（门外东风雪洒裾）……………………………… 5
点绛唇（醉漾轻舟）……………………………………… 6
祝英台近（挂轻帆）……………………………………… 6
瑞鹧鸪（城头月落尚啼乌）……………………………… 6
菩萨蛮（绣帘高卷倾城出）……………………………… 6
瑞鹧鸪（碧山影里小红旗）……………………………… 7
临江仙（四大从来都遍满）……………………………… 7
清平调（陌上花开蝴蝶飞）……………………………… 7
清平调（陌上山花开无数）……………………………… 7
清平调（生前富贵草头露）……………………………… 8
谒金门（秋帷里）………………………………………… 8

1

谒金门（秋池阁）⋯⋯⋯⋯⋯⋯⋯⋯⋯⋯⋯⋯⋯⋯ 8
谒金门（今夜雨）⋯⋯⋯⋯⋯⋯⋯⋯⋯⋯⋯⋯⋯⋯ 8
天仙子（走马探花花发未）⋯⋯⋯⋯⋯⋯⋯⋯⋯⋯ 8
减字木兰花（晓来风细）⋯⋯⋯⋯⋯⋯⋯⋯⋯⋯⋯ 9
昭君怨（谁作桓伊三弄）⋯⋯⋯⋯⋯⋯⋯⋯⋯⋯⋯ 9
蝶恋花（雨后春容清更丽）⋯⋯⋯⋯⋯⋯⋯⋯⋯⋯ 9
点绛唇（红杏飘香）⋯⋯⋯⋯⋯⋯⋯⋯⋯⋯⋯⋯⋯ 10
桃源忆故人（华胥梦断人何处）⋯⋯⋯⋯⋯⋯⋯⋯ 10
醉落魄（轻云微月）⋯⋯⋯⋯⋯⋯⋯⋯⋯⋯⋯⋯⋯ 10
蝶恋花（春事阑珊芳草歇）⋯⋯⋯⋯⋯⋯⋯⋯⋯⋯ 10
卜算子（蜀客到江南）⋯⋯⋯⋯⋯⋯⋯⋯⋯⋯⋯⋯ 11
少年游（去年相送）⋯⋯⋯⋯⋯⋯⋯⋯⋯⋯⋯⋯⋯ 11
鹊桥仙（缑山仙子）⋯⋯⋯⋯⋯⋯⋯⋯⋯⋯⋯⋯⋯ 11
虞美人（湖山信是东南美）⋯⋯⋯⋯⋯⋯⋯⋯⋯⋯ 11
诉衷情（钱塘风景古来奇）⋯⋯⋯⋯⋯⋯⋯⋯⋯⋯ 12
江城子（翠蛾羞黛怯人看）⋯⋯⋯⋯⋯⋯⋯⋯⋯⋯ 12
菩萨蛮（秋风湖上萧萧雨）⋯⋯⋯⋯⋯⋯⋯⋯⋯⋯ 12
南乡子（回首乱山横）⋯⋯⋯⋯⋯⋯⋯⋯⋯⋯⋯⋯ 12
南乡子（寒雀满疏篱）⋯⋯⋯⋯⋯⋯⋯⋯⋯⋯⋯⋯ 13
江城子（玉人家在凤凰山）⋯⋯⋯⋯⋯⋯⋯⋯⋯⋯ 13
浣溪沙（画隼横江喜再游）⋯⋯⋯⋯⋯⋯⋯⋯⋯⋯ 13
劝金船（无情流水多情客）⋯⋯⋯⋯⋯⋯⋯⋯⋯⋯ 14
浣溪沙（缥缈危楼紫翠间）⋯⋯⋯⋯⋯⋯⋯⋯⋯⋯ 14
南乡子（旌旆满江湖）⋯⋯⋯⋯⋯⋯⋯⋯⋯⋯⋯⋯ 14
定风波（千古风流阮步兵）⋯⋯⋯⋯⋯⋯⋯⋯⋯⋯ 14
减字木兰花（维熊佳梦）⋯⋯⋯⋯⋯⋯⋯⋯⋯⋯⋯ 15
三部乐（美人如月）⋯⋯⋯⋯⋯⋯⋯⋯⋯⋯⋯⋯⋯ 15
阮郎归（一年三度过苏台）⋯⋯⋯⋯⋯⋯⋯⋯⋯⋯ 15
醉落魄（苍颜华发）⋯⋯⋯⋯⋯⋯⋯⋯⋯⋯⋯⋯⋯ 16
采桑子（多情多感仍多病）⋯⋯⋯⋯⋯⋯⋯⋯⋯⋯ 16
醉落魄（分携如昨）⋯⋯⋯⋯⋯⋯⋯⋯⋯⋯⋯⋯⋯ 16
更漏子（水涵空）⋯⋯⋯⋯⋯⋯⋯⋯⋯⋯⋯⋯⋯⋯ 16
永遇乐（长忆别时）⋯⋯⋯⋯⋯⋯⋯⋯⋯⋯⋯⋯⋯ 17
蝶恋花（灯火钱塘三五夜）⋯⋯⋯⋯⋯⋯⋯⋯⋯⋯ 17

雨中花（今岁花时深院） …… 17
满江红（天岂无情） …… 18
一丛花（今年春浅腊侵年） …… 18
殢人娇（别驾来时） …… 18
望江南（春未老） …… 19
望江南（春已老） …… 19
满江红（东武南城） …… 19
临江仙（九十日春都过了） …… 19
画堂春（柳花飞处麦摇波） …… 20
河满子（见说岷峨凄怆） …… 20
江城子（前瞻马耳九仙山） …… 20
江城子（相逢不觉又初寒） …… 21
阳关曲（济南春好雪初晴） …… 21
洞仙歌（江南腊尽） …… 21
菩萨蛮（城隅静女何人见） …… 22
临江仙（忘却成都来十载） …… 22
水调歌头（安石在东海） …… 22
临江仙（自古相从休务日） …… 23
南歌子（笑怕蔷薇罥） …… 23
雨中花慢（邃院重帘何处） …… 24
雨中花慢（嫩脸羞蛾） …… 24
浣溪沙（惭愧今年二麦丰） …… 24
减字木兰花（玉房金蕊） …… 24
哨遍（睡起画堂） …… 25
浣溪沙（惟见眉间一点黄） …… 25
浣溪沙（一别姑苏已四年） …… 25
浣溪沙（缥缈红妆照浅溪） …… 25
南乡子（凉簟碧纱窗） …… 26
减字木兰花（玉觞无味） …… 26
木兰花令（高平四面开雄垒） …… 26
南歌子（山雨潇潇过） …… 26
双荷叶（双溪月） …… 27
渔家傲（皎皎牵牛河汉女） …… 27
虞美人（冰肌自是生来瘦） …… 27

3

南歌子（寸恨谁云短）……27
占春芳（红杏了）……27
好事近（烟外倚危楼）……28
南乡子（晚景落琼杯）……28
皂罗特髻（采菱拾翠）……28
浣溪沙（风卷珠帘自上钩）……29
菩萨蛮（画檐初挂弯弯月）……29
菩萨蛮（风回仙驭云开扇）……29
水调歌头（昵昵儿女语）……29
南乡子（霜降水痕收）……30
菩萨蛮（翠鬟斜幔云垂耳）……30
菩萨蛮（柳庭风静人眠昼）……30
菩萨蛮（井桐双照新妆冷）……30
菩萨蛮（雪花飞暖融香颊）……31
菩萨蛮（落花闲院春衫薄）……31
菩萨蛮（火云凝汗挥珠颗）……31
菩萨蛮（峤南江浅红梅小）……31
满江红（江汉西来）……31
虞美人（定场贺老今何在）……32
定风波（与客携壶上翠微）……32
定风波（两两轻红半晕腮）……32
减字木兰花（云容皓白）……33
浣溪沙（覆块青青麦未苏）……33
浣溪沙（醉梦醺醺晓未苏）……33
浣溪沙（半夜银山上积苏）……33
水龙吟（小舟横截春江）……34
水龙吟（楚山修竹如云）……34
水龙吟（小沟东接长江）……34
定风波（好睡慵开莫厌迟）……35
阮郎归（暗香浮动月黄昏）……35
满江红（忧喜相寻）……35
南歌子（日薄花房绽）……36
西江月（龙焙今年绝品）……36
念奴娇（凭高眺远）……36

醉蓬莱（笑劳生一梦） …… 36
浣溪沙（几共查梨到雪霜） …… 37
醉翁操（琅然） …… 37
木兰花令（乌啼鹊噪昏乔木） …… 38
瑶池燕（飞花成阵） …… 38
满庭芳（三十三年，今谁存者） …… 38
好事近（红粉莫悲啼） …… 39
浣溪沙（入袂轻风不破尘） …… 39
定风波（雨洗娟娟嫩叶光） …… 39
西江月（点点楼头细雨） …… 39
十拍子（白酒新开九酝） …… 40
临江仙（冬夜夜寒冰合井） …… 40
临江仙（诗句端来磨我钝） …… 40
浣溪沙（炙手无人傍屋头） …… 41
减字木兰花（神闲意定） …… 41
浣溪沙（徐邈能中酒圣贤） …… 41
渔父（渔父饮） …… 41
渔父（渔父醉） …… 42
渔父（渔父醒） …… 42
渔父（渔父笑） …… 42
调笑令（渔父） …… 42
调笑令（归雁） …… 42
减字木兰花（江南游女） …… 42
阮郎归（绿槐高柳咽新蝉） …… 43
西江月（别梦已随流水） …… 43
渔家傲（千古龙蟠并虎踞） …… 43
临江仙（昨夜渡江何处宿） …… 43
南歌子（欲执河梁手） …… 44
南歌子（见说东园好） …… 44
浣溪沙（一梦江湖费五年） …… 44
虞美人（波声拍枕长淮晓） …… 44
行香子（北望平川） …… 45
满庭芳（三十三年，漂流江海） …… 45
南乡子（千骑试春游） …… 45

满庭芳（归去来兮，清溪无底）……………………46
菩萨蛮（买田阳羡吾将老）……………………46
蝶恋花（云水萦回溪上路）……………………46
定风波（常羡人间琢玉郎）……………………46
如梦令（为向东坡传语）……………………47
如梦令（手种堂前桃李）……………………47
南歌子（苒苒中秋过）……………………47
蝶恋花（一颗樱桃樊素口）……………………47
浣溪沙（珠桧丝杉冷欲霜）……………………48
减字木兰花（双龙对起）……………………48
南歌子（山与歌眉敛）……………………48
好事近（湖上雨晴时）……………………49
临江仙（一别都门三改火）……………………49
西江月（昨夜扁舟京口）……………………49
虞美人（归心正似三春草）……………………49
减字木兰花（春光亭下）……………………49
临江仙（尊酒何人怀李白）……………………50
木兰花令（霜余已失长淮阔）……………………50
满江红（清颍东流）……………………50
江城子（墨云拖雨过西楼）……………………50
青玉案（三年枕上吴中路）……………………51
渔家傲（临水纵横回晚鞚）……………………51
归朝欢（我梦扁舟浮震泽）……………………51
木兰花令（梧桐叶上三更雨）……………………52
行香子（昨夜霜风）……………………52
西江月（马趁香微路远）……………………52
西江月（玉骨那愁瘴雾）……………………53
浣溪沙（道字娇讹苦未成）……………………53
减字木兰花（春牛春杖）……………………53
鹧鸪天（笑捻红梅䍜翠翘）……………………53
临江仙（谁道东阳都瘦损）……………………54

浣溪沙（山色横侵蘸晕霞）

山色横侵蘸晕霞，湘川风静吐寒花①。远林屋散尚啼鸦。
梦到故园多少路，酒醒南望隔天涯。月明千里照平沙。

【注释】

①湘川：此处不指湖南湘水，而指湖北古荆州地区。

蝶恋花（记得画屏初会遇）

记得画屏初会遇。好梦惊回，望断高唐路。燕子双飞来又去。纱窗几度春光暮。
那日绣帘相见处。低眼佯行，笑整香云缕。敛尽春山羞不语①。人前深意难轻诉。

【注释】

①春山：喻指女人姣好的眉毛。

渔家傲（一曲阳关情几许）

送张元唐省亲秦州

一曲阳关情几许，知君欲向秦川去。白马皂貂留不住，回首处，孤城不见天霖雾。
到日长安花似雨，故关杨柳初飞絮。渐见靴刀迎夹路①，谁得似，风流膝上王文度②。

【注释】

①靴刀：一种置于靴中的短刀，下级官迎上级官时佩戴。
②王文度：《世说新语·方正》说王文度的父亲王兰田，"爱念文度，虽长大，犹抱置膝上"。

减字木兰花（莺初解语）

莺初解语，最是一年春好处。微雨如酥，草色遥看近却无。

休辞醉倒，花不看开人易老。莫待春回，颠倒红英间绿苔①。

【注释】
①红英：指落花。

❀ 南歌子（雨暗初疑夜）

雨暗初疑夜，风回便报晴。淡云斜照著山明①，细草软沙溪路马蹄轻。卯酒醒还困②，仙村梦不成。蓝桥何处觅云英③？只有多情流水伴人行。

【注释】
①著（zhuó）：同"着"，意为附着、紧挨。
②卯（mǎo）酒：早晨卯时所饮的酒。
③蓝桥句：晚唐裴铏《传奇集·裴航》载，唐穆宗长庆年间，落地秀才裴航出游后回京途中，遇到仙女樊夫人，从她的赠诗中模糊地了解到另一仙女云英及"神仙窟"蓝桥。后经蓝桥驿附近，巧遇云英，几经周折，终于与云英成婚。其后裴航也得道成仙。

❀ 南歌子（日出西山雨）

日出西山雨，无晴又有晴。乱山深处过清明。不见彩绳花板、细腰轻①。行桑野，无人与目成②。且将新句琢琼英③。我是世间闲客、此闲行。

【注释】
①彩绳花板：指打秋千的游戏。
②目成：两心相悦，以目传情。
③琼英：似玉的美石。

❀ 南歌子（带酒冲山雨）

带酒冲山雨，和衣睡晚晴，不知钟鼓报天明。梦里栩然蝴蝶、一身轻。老去才都尽，归来计未成。求田问舍笑豪英。自爱湖边沙路、免泥行。

❀ 华清引（平日十月幸莲汤）

平时十月幸莲汤，玉甃琼梁①。五家车马如水，珠玑满路旁。

翠华一去掩方床,独留烟树苍苍。至今清夜月,依前过缭墙②。

【注释】
①玉甃(zhòu):玉石砌成的井壁,这里指浴池。
②缭墙:藤条攀绕的围墙。

❀ 点绛唇(月转乌啼)

月转乌啼,画堂宫徵生离恨①。美人愁闷。不管罗衣褪。
清泪斑斑,挥断柔肠寸。嗔人问。背灯偷搵②。拭尽残妆粉。

【注释】
①宫徵(zhǐ):宫和徵分别是古代五声音阶中的第一音阶和第四音阶,合在一起泛指音乐。
②搵(wèn):揩拭。

❀ 虞美人(深深庭院清明过)

深深庭院清明过。桃李初红破。柳丝搭在玉阑干。帘外潇潇微雨、做轻寒。
晚晴台榭增明媚。已拚花前醉。更阑人静月侵廊。独自行来行去、好思量。

❀ 蝶恋花(雨霰疏疏经泼火)

雨霰疏疏经泼火①。巷陌秋千,犹未清明过。杏子梢头香蕾破,淡红褪白胭脂涴②。
苦被多情相折挫。病绪厌厌,浑似年时个。绕遍回廊还独坐,月笼云暗重门锁。

【注释】
①雨霰(xiàn):细雨和雪珠;泼火:河朔地区谓桃花雨为泼火雨。
②涴(wò):胭脂侵染。

❀ 蝶恋花(蝶懒莺慵春过半)

蝶懒莺慵春过半。花落狂风,小院残红满。午醉未醒红日晚,黄昏帘幕无人卷。

云鬟鬊松眉黛浅①。总是愁媒，欲诉谁消遣。未信此情难系绊，杨花犹有东风管。

【注释】
①鬊（péng）松：同"蓬松"。

🌸 浣溪沙（风压轻云贴水飞）

春　情

风压轻云贴水飞，乍晴池馆燕争泥。沈郎多病不胜衣①。
沙上不闻鸿雁信，竹间时听鹧鸪啼。此情惟有落花知！

【注释】
①沈郎：指南朝沈约。

🌸 诉衷情（小莲初上琵琶弦）

琵琶女

小莲初上琵琶弦①，弹破碧云天。分明绣阁幽恨，都向曲中传。
肤莹玉，鬓梳蝉②，绮窗前。素娥今夜③，故故随人，似斗婵娟。

【注释】
①小莲：北齐后主高纬宠妃冯淑妃名小莲，此处指琵琶女。
②鬓梳蝉：把鬓梳成蝉翼的形状。
③素娥：即嫦娥。

🌸 如梦令（城上层楼叠巘）

城上层楼叠巘①。城下清淮古汴②。举手揖吴云③，人与暮天俱远。魂断。魂断。后夜松江月满④。

【注释】
①叠巘（yǎn）：重叠的山峰。
②古汴：汴河故道。
③吴云：吴地的云。

④松江：即吴淞江。

减字木兰花（云鬟倾倒）

云鬟倾倒。醉倚阑干风月好。凭仗相扶。误入仙家碧玉壶。
连天衰草。下走湖南西去道。一舸姑苏。便逐鸱夷去得无①。

【注释】

①鸱（chī）夷：指范蠡。春秋时，范蠡辅佐越王勾践灭吴后，主动退隐江湖，到齐国时改名为鸱夷子皮。

鹧鸪天（罗带双垂画不成）

罗带双垂画不成。嬹人娇态最轻盈①。酥胸斜抱天边月，玉手轻弹水面冰。
无限事，许多情。四弦丝竹苦叮咛。饶君拨尽相思调，待听梧桐叶落声。

【注释】

①嬹（tì）人：迷恋人。

浪淘沙（昨日出东城）

昨日出东城。试探春情。墙头红杏暗如倾。槛内群芳芽未吐，早已回春。
绮陌敛香尘。雪霁前村。东君用意不辞辛。料想春光先到处，吹绽梅英。

浣溪沙（门外东风雪洒裾）

送梅庭老赴上党学官

门外东风雪洒裾①。山头回首望三吴。不应弹铗为无鱼。
上党从来天下脊②，先生元是古之儒。时平不用鲁连书③。

【注释】

①裾：衣前襟。
②上党：即潞州。
③鲁连：鲁仲连，《史记》中有"鲁仲连一箭下聊城"的典故。

点绛唇（醉漾轻舟）

醉漾轻舟，信流引到花深处①。尘缘相误，无计花间住。
烟水茫茫，千里斜阳暮。山无数，乱红如雨，不记来时路。

【注释】
①信流：信凭流水。

祝英台近（挂轻帆）

挂轻帆，飞急桨，还过钓台路。酒病无聊，欹枕听鸣橹①。断肠簇簇云山，重重烟树，回首望、孤城何处。
闲离阻。谁念萦损襄王，何曾梦云雨。旧恨前欢，心事两无据。要知欲见无由，痴心犹自，倩人道、一声传语。

【注释】
①欹（yī）枕：倚靠枕头；鸣橹（lǔ）：发出大声的大桨。

瑞鹧鸪（城头月落尚啼乌）

城头月落尚啼乌。朱舰红船早满湖。鼓吹未容迎五马，水云先已漾双凫。
映山黄帽螭头舫①，夹岸青烟鹊尾炉。老病逢春只思睡，独求僧榻寄须臾。

【注释】
①螭（chī）头舫：指龙船。

菩萨蛮（绣帘高卷倾城出）

绣帘高卷倾城出。灯前潋滟横波溢。皓齿发清歌。春愁入翠蛾。
凄音休怨乱。我已先肠断。遗响下清虚。累累一串珠①。

【注释】
①累累（léi léi）：单个事物相连成串。

瑞鹧鸪（碧山影里小红旗）

碧山影里小红旗。侬是江南踏浪儿。拍手欲嘲山简醉①，齐声争唱浪婆词②。西兴渡口帆初落，渔浦山头日未敧③。侬欲送潮歌底曲，尊前还唱使君诗。

【注释】
①山简：西晋人，山涛子。
②浪婆：波浪之神。
③敧（qī）：倾斜。

临江仙（四大从来都遍满）

风水洞作

四大从来都遍满①，此间风水何疑。故应为我发新诗。幽花香涧谷，寒藻舞沦漪②。

借与玉川生两腋③，天仙未必相思。还凭流水送人归。层巅馀落日，草露已沾衣。

【注释】
①四大：佛家以地、水、火、风为四大。
②沦漪（yī）：沦，细小而成圈的水纹。漪，语气词。
③玉川：唐代诗人卢仝，号玉川子。

清平调（陌上花开蝴蝶飞）

陌上花开蝴蝶飞。江山犹是昔人非。遗民几度垂垂老，游女还歌缓缓归。

清平调（陌上山花开无数）

陌上山花无数开，路人争看翠軿来①。若为留得堂堂去，且更从教缓缓回。

【注释】
①翠軿（píng）：绿色的軿车。軿车是古代妇女所乘四周有遮蔽的车。

清平调（生前富贵草头露）

生前富贵草头露，身后风流陌上花。已作迟迟君去鲁①，犹教缓缓妾回家。

【注释】

①去鲁：典出《礼记·檀弓下》："子路去鲁，谓颜渊曰：'何以赠我？'曰：'吾闻之也，去国，则哭于墓而后行。'"此处意为迟迟不肯离开故乡。

谒金门（秋帷里）

秋帷里。长漏伴人无寐。低玉枕凉轻绣被。一番秋气味。
晓色又侵窗纸。窗外鸡声初起。声断几声还到耳。已明声未已。

谒金门（秋池阁）

秋池阁。风傍晓庭帘幕。霜叶未衰吹未落。半惊鸦喜鹊。
自笑浮名情薄。似与世人疏略。一片懒心双懒脚。好教闲处著。

谒金门（今夜雨）

今夜雨。断送一年残暑。坐听潮声来别浦。明朝何处去。
孤负金尊绿醑①。来岁今宵圆否。酒醒梦回愁几许。夜阑还独语。

【注释】

①绿醑（xǔ）：绿色美酒。

天仙子（走马探花花发未）

走马探花花发未。人与化工俱不易：千回来绕百回看，蜂作婢。莺为使。谷雨清明空屈指。
白发卢郎情未已①。一夜剪刀收玉蕊。尊前还对断肠红，人有泪。花无意。明日酒醒应满地。

【注释】

①卢郎：唐校书郎卢某妻崔氏《述怀》诗："不怨卢郎年纪大，不怨卢郎官职卑。自恨妾身生较晚，不及卢郎年少时。"《全唐诗》题下注："校书娶崔时年已暮，崔微有愠色，赠诗述怀。"

减字木兰花（晓来风细）

得 书

晓来风细。不会鹊声来报喜。却羡寒梅。先觉春风一夜来。
香笺一纸。写尽回文机上意①。欲卷重开。读遍千回与万回。

【注释】

①回文机：即璇玑图，北朝时前秦女诗人苏蕙作。

昭君怨（谁作桓伊三弄）

金山送柳子玉

谁作桓伊三弄①，惊破绿窗幽梦？新月与愁烟，满江天。
欲去又还不去，明日落花飞絮。飞絮送行舟，水东流。

【注释】

①桓伊：东晋人，善吹笛，为江南第一。《世说新语》记载了他为名士王徽之作"三弄"的故事。

蝶恋花（雨后春容清更丽）

京口得乡书

雨后春容清更丽。只有离人，幽恨终难洗。北固山前三面水，碧琼梳拥青螺髻①。
一纸乡书来万里。问我何年，真个成归计。白首送春拼一醉。东风吹破千行泪。

【注释】

①青螺髻：青色的螺形发髻，此处比喻北固山。

9

点绛唇（红杏飘香）

红杏飘香，柳含烟翠拖轻缕。水边朱户。尽卷黄昏雨。
烛影摇风，一枕伤春绪。归不去。凤楼何处①。芳草迷归路。

【注释】
①凤楼：指妇女的居所。

桃源忆故人（华胥梦断人何处）

华胥梦断人何处①。听得莺啼红树。几点蔷薇香雨。寂寞闲庭户。
暖风不解留花住。片片著人无数。楼上望春归去。芳草迷归路。

【注释】
①华胥：典出《列子·黄帝》：黄帝即位十五年，"昼寝而梦，游于华胥之国……其国无帅长，自然而已。其民无嗜欲，自然而已。不知乐生，不知恶死，故无夭殇；不知亲己，不知疏物，故无爱憎；不知背道，不知向顺，故无利害；都无所爱惜，都无所畏忌，入水不溺，入火不热。斫挞无伤痛，指擿无痟痒。乘空如履实，寝虚若处床，云雾不硋其视，雷霆不乱其听，美恶不滑其心，山谷不踬其步，神行而已。"华胥国即指梦境、仙境。

醉落魄（轻云微月）

离京口作

轻云微月，二更酒醒船初发。孤城回望苍烟合。记得歌时，不记归时节。
巾偏扇坠藤床滑，觉来幽梦无人说。此生飘荡何时歇？家在西南，常作东南别。

蝶恋花（春事阑珊芳草歇）

春事阑珊芳草歇。客里风光，又过清明节。小院黄昏人忆别。落红处处闻啼鴂①。
咫尺江山分楚越。目断魂销，应是音尘绝。梦破五更心欲折。角声吹落梅花月。

【注释】
①啼鴂（jué）：即杜鹃。

卜算子（蜀客到江南）

感　旧

蜀客到江南，长忆吴山好。吴蜀风流自古同，归去应须早。
还与去年人，共藉西湖草①。莫惜尊前仔细看，应是容颜老。

【注释】

①藉草：坐在草地上。

少年游（去年相送）

润州作

去年相送，余杭门外①，飞雪似杨花。今年春尽，杨花似雪，犹不见还家。
对酒卷帘邀明月，风露透窗纱。恰似姮娥怜双燕，分明照、画梁斜。

【注释】

①余杭门：宋时杭州北面的三座城门之一。

鹊桥仙（缑山仙子）

七　夕

缑山仙子①，高情云渺，不学痴牛骏女②。凤箫声断月明中，举手谢时人欲去。
客槎曾犯③，银河波浪，尚带天风海雨。相逢一醉是前缘，风雨散、飘然何处？

【注释】

①缑（gōu）山仙子：指王子乔。
②骏（dāi）：同呆。
③客槎：指升天所乘之槎。晋张华《博物志》有人乘筏游天河遇牛女事。

虞美人（湖山信是东南美）

有美堂赠述古

湖山信是东南美，一望弥千里。使君能得几回来？便使樽前醉倒更徘徊。

沙河塘里灯初上①,水调谁家唱?夜阑风静欲归时,惟有一江明月碧琉璃。

【注释】

①沙河塘:在杭州的城南,当时繁华非常。

🌸 诉衷情(钱塘风景古来奇)

送述古,迓元素

钱塘风景古来奇。太守例能诗。先驱负弩何在①,心已誓江西。
花尽后,叶飞时。雨凄凄。若为情绪,更问新官,向旧官啼。

【注释】

①先驱负弩(nǔ):指在前面迎候的官员。

🌸 江城子(翠蛾羞黛怯人看)

孤山竹阁送述古

翠蛾羞黛怯人看。掩霜纨①,泪偷弹。且尽一尊,收泪唱《阳关》。漫道帝城天样远,天易见,见君难。
画堂新构近孤山。曲栏干,为谁安?飞絮落花,春色属明年。欲棹小舟寻旧事,无处问,水连天。

【注释】

①霜纨(wán):指精致、洁白的绢扇。

🌸 菩萨蛮(秋风湖上萧萧雨)

西湖送述古

秋风湖上萧萧雨。使君欲去还留住。今日漫留君。明朝愁杀人。
佳人千点泪。洒向长河水。不用敛双蛾。路人啼更多。

🌸 南乡子(回首乱山横)

送述古

回首乱山横,不见居人只见城。谁似临平山上塔,亭亭,迎客西来送客行。

归路晚风清，一枕初寒梦不成。今夜残灯斜照处，荧荧，秋雨晴时泪不晴。

南乡子（寒雀满疏篱）

梅花词和杨元素

寒雀满疏篱，争抱寒柯看玉蕤①。忽见客来花下坐，惊飞。踏散芳英落酒卮。
痛饮又能诗。坐客无毡醉不知。花谢酒阑春到也，离离，一点微酸已著枝。

【注释】

①蕤（ruí）：草木花下垂貌。

江城子（玉人家在凤凰山）

陈直方妾嵇，钱塘人也。丐新词，为作此。钱塘人好唱《陌上花》缓缓曲，余尝作数绝以纪其事矣。

玉人家在凤凰山。水云间。掩门关。门外行人，立马看弓弯。十里春风谁指似，斜日映，绣帘斑。
多情好事与君还。闵新鳏①。拭馀潸。明月空江，香雾著云鬟。陌上花开春尽也，闻旧曲，破朱颜。

【注释】

①闵：通"悯"，哀怜。鳏（guān）：无妻之人。

浣溪沙（画隼横江喜再游）

即 事

画隼横江喜再游①，老鱼跳槛识青讴②。流年未肯付东流。
黄菊篱边无怅望，白云乡里有温柔。挽回霜鬓莫教休。

【注释】

①画隼（sǔn）：画鸟隼的旗帜，指州官仪仗。
②清讴：清唱。

🌸 劝金船（无情流水多情客）

无情流水多情客。劝我如曾识。杯行到手休辞却。这公道难得。曲水池上，小字更书年月。还对茂林修竹，似永和节①。

纤纤素手如霜雪。笑把秋花插。尊前莫怪歌声咽。又还是轻别。此去翱翔，遍赏玉堂金阙。欲问再来何岁，应有华发。

【注释】

①曲水四句：东晋王羲之《兰亭集序》："永和九年，岁在癸丑……此地有崇山峻岭，茂林修竹……"。

🌸 浣溪沙（缥缈危楼紫翠间）

缥缈危楼紫翠间。良辰乐事古难全。感时怀旧独凄然。
璧月琼枝空夜夜，菊花人貌自年年。不知来岁与谁看。

🌸 南乡子（旌旆满江湖）

旌旆满江湖。诏发楼船万舳舻。投笔将军因笑我，迂儒。帕首腰刀是丈夫。
粉泪怨离居。喜子垂窗报捷书①。试问伏波三万语，何如。一斛明珠换绿珠②。

【注释】

①喜子：指蜘蛛。
②绿珠：西晋石崇歌妓。

🌸 定风波（千古风流阮步兵）

送元素

千古风流阮步兵①。平生游宦爱东平②。千里远来还不住。归去。空留风韵照人清。

红粉尊前深懊恼。休道。怎生留得许多情。记得明年花絮乱。须看。泛西湖是断肠声。

【注释】

①阮步兵：即阮籍。

②东平：县名，今属山东。

减字木兰花（维熊佳梦）

维熊佳梦①，释氏老君亲抱送。壮气横秋，未满三朝已食牛。
犀钱玉果②，利市平分沾四座。多谢无功，此事如何着得侬！

【注释】

①维熊：语出《诗经·小雅·斯干》："吉梦维何？维熊维黑，男子之祥。"

②犀钱玉果：犀角色黄，钱色似之，故曰犀钱。果白如玉，故曰玉果。

三部乐（美人如月）

美人如月。乍见掩暮云，更增妍绝。算应无恨，安用阴晴圆缺。娇甚空只成愁，待下床又懒，未语先咽。数日不来，落尽一庭红叶。

今朝置酒强起，问为谁减动，一分香雪。何事散花却病，维摩无疾①。却低眉、惨然不答。唱《金缕》、一声怨切。堪折便折。且惜取、少年花发。

【注释】

①维摩：佛名，即维摩诘。

阮郎归（一年三度过苏台）

一年三度过苏台①。清尊长是开。佳人相问苦相猜。这回来不来。
情未尽，老先催。人生真可咍，他年桃李阿谁栽。刘郎双鬓衰②。

【注释】

①苏台：即姑苏台，这里借指苏州。

②刘郎：东坡以刘禹锡喻自己。

醉落魄（苍颜华发）

苏州闾门留别

苍颜华发，故山归计何时决！旧交新贵音书绝，惟有佳人，犹作殷勤别。
离亭欲去歌声咽，潇潇细雨凉吹颊。泪珠不用罗巾浥①，弹在罗衫，图得见时说。

【注释】
①浥（yì）：沾湿。

采桑子（多情多感仍多病）

润州多景楼与孙巨源相遇

多情多感仍多病，多景楼中。尊酒相逢，乐事回头一笑空。
停杯且听琵琶语，细撚轻拢。醉脸春融，斜照江天一抹红。

醉落魄（分携如昨）

席上呈杨元素

分携如昨，人生到处萍漂泊。偶然相聚还离索。多病多愁，须信从来错。
尊前一笑休辞却。天涯同是伤沦落。故山犹负平生约。西望峨嵋①，长羡归飞鹤。

【注释】
①峨眉：词人家乡。

更漏子（水涵空）

送孙巨源

水涵空①，山照市，西汉二疏乡里②。新白发，旧黄金，故人恩义深。
海东头，山尽处，自古客槎来去。槎有信，赴秋期，使君行不归。

【注释】
①水涵空：远处的水涵容着天空。

②二疏：西汉疏广、疏受，东海兰陵人。

永遇乐（长忆别时）

孙巨源以八月十五日离海州，坐别于景疏楼上。既而与余会于润州，至楚州乃别。余以十一月十五日至海州，与太守会于景疏楼上，作此词以寄巨源。

长忆别时，景疏楼上，明月如水。美酒清歌，留连不住，月随人千里。别来三度，孤光又满，冷落共谁同醉？卷珠帘、凄然顾影，共伊到明无寐。

今朝有客，来从淮上①，能道使君深意。凭仗清淮，分明到海，中有相思泪。而今何在？西垣清禁②，夜永露华侵被。此时看、回廊晓月，也应暗记。

【注释】

①淮上：指楚州。
②西垣：指中书省。清禁：皇宫。

蝶恋花（灯火钱塘三五夜）

密州上元

灯火钱塘三五夜，明月如霜，照见人如画。帐底吹笙香吐麝①，更无一点尘随马。

寂寞山城人老也！击鼓吹箫，却入农桑社。火冷灯稀霜露下，昏昏雪意云垂野。

【注释】

①麝（shè）：一种香料。

雨中花（今岁花时深院）

今岁花时深院，尽日东风，荡扬茶烟。但有绿苔芳草，柳絮榆钱。闻道城西，长廊古寺，甲第名园。有国艳带酒，天香染袂，为我留连。

清明过了，残红无处，对此泪洒尊前。秋向晚，一枝何事，向我依然。高会聊追短景，清商不暇余妍①。不如留取，十分春态，付与明年。

【注释】

①清商：指秋风。

满江红（天岂无情）

正月十三日送文安国还朝

天岂无情，天也解、多情留客。春向暖、朝来底事，尚飘轻雪。君过春来纤组绶①，我应归去耽泉石。恐异时、杯酒忽相思，云山隔。

浮世事，俱难必。人纵健，头应白。何辞更一醉，此欢难觅。欲向佳人诉离恨，泪珠先已凝双睫。但莫遣、新燕却来时，音书绝。

【注释】

①纤组绶：腰系绶带，指做官。

一丛花（今年春浅腊侵年）

初春病起

今年春浅腊侵年。冰雪破春妍。东风有信无人见，露微意、柳际花边。寒夜纵长，孤衾易暖，钟鼓渐清圆。

朝来初日半衔山。楼阁淡疏烟。游人便作寻芳计，小桃杏、应已争先。衰病少惊，疏慵自放，惟爱日高眠。

殢人娇（别驾来时）①

戏邦直

别驾来时，灯火荧煌无数②。向青琐、隙中偷觑③。元来便是，共采鸾仙侣。方见了，管须低声说与。

百子流苏，千枝宝炬。人间有、洞房烟雾。春来何事，故抛人别处。坐望断，楼中远山归路。

【注释】

①殢（tì）人娇：词牌名。

②荧煌：明亮。

③偷觑（qù）：偷看。

望江南（春未老）

超然台作

春未老，风细柳斜斜。试上超然台上看，半壕春水一城花。烟雨暗千家。
寒食后，酒醒却咨嗟①。休对故人思故国，且将新火试新茶。诗酒趁年华。

【注释】

①咨嗟：感叹声。

望江南（春已老）

春已老，春服几时成。曲水浪低蕉叶稳，舞雩风软纻罗轻①。酣咏乐升平。
微雨过，何处不催耕。百舌无言桃李尽，柘林深处鹁鸪鸣②。春色属芜菁③。

【注释】

①舞雩（yú）：鲁国祭天求雨的土坛。纻（zhù）罗：指麻织和丝织的服装。
②鹁（bó）鸪：鸟名。
③芜菁：俗称大白菜。

满江红（东武南城）

东武会流杯亭

东武南城，新堤固、涟漪初溢。隐隐遍、长林高阜，卧红堆碧。枝上残花吹尽
也，与君更向江头觅。问向前、犹有几多春，三之一。
官里事，何时毕。风雨外，无多日。相将泛曲水，满城争出。君不见兰亭修禊
事①，当时坐上皆豪逸。到如今、修竹满山阴，空陈迹。

【注释】

①兰亭修禊（xì）事：东晋永和九年（公元353年）三月三日，王羲之与当时名
士四十一人集合于会稽山阴兰亭，修祓（fú）禊之礼。

临江仙（九十日春都过了）

九十日春都过了，贪忙何处追游。三分春色一分愁。雨翻榆荚阵，风转柳花球。

阆苑先生须自责①，蟠桃动是千秋。不知人世苦厌求。东皇不拘束②，肯为使君留。

【注释】
①阆（làng）苑先生：指东方朔。
②东皇：指春帝。

🌸 画堂春（柳花飞处麦摇波）

寄子由

柳花飞处麦摇波。晚湖净鉴新磨①。小舟飞棹去如梭。齐唱采菱歌。
平野水云溶漾，小楼风日晴和。济南何在暮云多。归去奈愁何。

【注释】
①鉴：镜子。

🌸 河满子（见说岷峨凄怆）

湖州作，寄益守冯当世

见说岷峨凄怆①，旋闻江汉澄清②。但觉秋来归梦好，西南自有长城。东府三人最少，西山八国初平。
莫负花溪纵赏，何妨药市微行。试问当垆人在否③，空教是处闻名。唱著子渊新曲④，应须分外含情。

【注释】
①岷峨凄怆：宋神宗熙宁九年（公元1076年）三月，官府因筑州城引起与羌人的大规模冲突，宋军将士死伤甚重。
②江汉澄清：指当时新任成都知府冯当对羌人实行招抚政策，因而边乱不久即告平息。
③当垆人：卓文君。
④子渊：王褒，字子渊，汉代文学家。

🌸 江城子（前瞻马耳九仙山）

前瞻马耳九仙山①。碧连天。晚云闲。城上高台、真个是超然。莫使匆匆云雨散，今夜里，月婵娟。

小溪鸥鹭静联拳^②。去翩翩。点轻烟。人事凄凉、回首便他年。莫忘使君歌笑处，垂柳下，矮槐前。

【注释】
①马耳九仙山：即诸城西南的马耳山、九仙山。
②联拳：相依貌。

❀ 江城子（相逢不觉又初寒）

东武雪中送客

相逢不觉又初寒。对尊前。惜流年。风紧离亭①，冰结泪珠圆。雪意留君君不住，从此去，少清欢。

转头山下转头看。路漫漫。玉花翻。银海光宽，何处是超然。知道故人相念否，携翠袖，倚朱阑。

【注释】
①离亭：古时设在大路边供行人休息的亭舍。

❀ 阳关曲（济南春好雪初晴）

济南春好雪初晴。才到龙山马足轻①。使君莫忘雪溪女②，还作阳关肠断声。

【注释】
①龙山：济南郡城东七十里有龙山镇。
②霅（zhà）溪：在今浙江湖州境内。

❀ 洞仙歌（江南腊尽）

咏 柳

江南腊尽，早梅花开后，分付新春与垂柳。细腰肢自有入格风流，仍更是、骨体清英雅秀。

永丰坊那畔①，尽日无人，谁见金丝弄晴昼？断肠是，飞絮时，绿叶成阴，无箇事、一成消瘦。又莫是东风逐君来，便吹散眉间一点春皱。

【注释】

①永丰坊：唐代长安地名，白居易有诗："一树春风万万枝，嫩于春色软于丝。永丰坊里东南角，尽日无人属阿谁。"

菩萨蛮（城隅静女何人见）

有 寄

城隅静女何人见。先生日夜歌彤管。谁识蔡姬贤①。江南顾彦先②。
先生那久困。汤沐须名郡③。惟有谢夫人④。从来见拟伦。

【注释】

①蔡姬：蔡文姬。
②顾彦先：西晋顾荣。
③汤沐：汤沐邑，周代供诸侯朝见天子时住宿并沐浴斋戒的封地，也指国君、皇后、公主等收取赋税的私邑。
④谢夫人：谢道韫。

临江仙（忘却成都来十载）

送王缄

忘却成都来十载，因君未免思量。凭将清泪洒江阳。故山知好在，孤客自悲凉。
坐上别愁君未见，归来欲断无肠。殷勤且更尽离觞。此身如传舍①，何处是吾乡。

【注释】

①传舍：旅舍。

水调歌头（安石在东海）

余去岁在东武，作《水调歌头》以寄子由。今年子由相从彭门居百余日，过中秋而去，作此曲以别。余以其语过悲，乃为和之，其意以不早退为戒，以退而相从之乐为慰云耳。

安石在东海①，从事鬓惊秋。中年亲友难别，丝竹缓离愁。一旦功成名遂，准拟东还海道，扶病入西州②。雅志困轩冕，遗恨寄沧洲。

岁云暮③，须早计，要褐裘。故乡归去千里，佳处辄迟留。我醉歌时君和，醉倒须君扶我，惟酒可忘忧。一任刘玄德，相对卧高楼。

【注释】
①安石：谢安，字安石，东晋名臣。
②一旦三句：意为谢安本准备功成名就之后归隐会稽，不料后来却抱病回京了。西州，指东晋都城建康。
③岁云暮：指岁暮。云，语助词。

临江仙（自古相从休务日）

冬日即事

自古相从休务日①，何妨低唱微吟。天垂云重作春阴。坐中人半醉，帘外雪将深。

闻道分司狂御史，紫云无路追寻②。凄风寒雨是骎骎③。问囚长损气④，见鹤忽惊心。

【注释】
①休务：休假。
②闻道二句：杜牧为御史分司洛阳时，一日参加司徒李愿的宴会，席间询问谁是名唤紫云的歌妓，李指给他看。杜牧凝视良久，说："名不虚传，应当把她送给我。"并吟诗一首："华堂今日绮筵开，谁唤分司御史来？胡发狂言惊满座，两行红粉一时回。"
③骎（qīn）骎：疾速的样子。
④问囚：指审案断狱等公务。

南歌子（笑怕蔷薇罥）

笑怕蔷薇罥①，行忧宝瑟僵。美人依约在西厢，只恐暗中迷路，认余香。
午夜风翻幔，三更月到床。簟纹如水玉肌凉。何物与侬归去、有残妆。

【注释】
①罥（juàn）：挂住。

雨中花慢（邃院重帘何处）

邃院重帘何处，惹得多情，愁对风光。睡起酒阑花谢，蝶乱蜂忙。今夜何人，吹笙北岭，待月西厢。空怅望处，一株红杏，斜倚低墙。

羞颜易变，傍人先觉，到处被著猜防。谁信道、些儿恩爱。无限凄凉。好事若无间阻，幽欢却是寻常。一般滋味，就中香美，除是偷尝。

雨中花慢（嫩脸羞蛾）

嫩脸羞蛾，因甚化作行云，却返巫阳。但有寒灯孤枕，皓月空床。长记当初，乍谐云雨，便学鸾凰。又岂料、正好三春桃李，一夜风霜。

丹青入画，无言无笑，看了漫结愁肠。襟袖上，犹存残黛，渐减余香。一自醉中忘了，奈何酒后思量。算应负你，枕前珠泪，万点千行。

浣溪沙（惭愧今年二麦丰）

惭愧今年二麦丰①。千畦细浪舞晴空。化工余力染夭红②。
归去山公应倒载③，阑街拍手笑儿童。甚时名作锦薰笼。

【注释】

①二麦：大麦、小麦。
②夭红：鲜艳的红色。
③山公：指山简。

减字木兰花（玉房金蕊）

花

玉房金蕊①。宜在玉人纤手里。淡月朦胧。更有微微弄袖风。
温香熟美。醉慢云鬟垂两耳。多谢春工。不是花红是玉红。

【注释】

①玉房：花的子房的美称。

哨遍（睡起画堂）

春　词

睡起画堂，银蒜押帘①，珠幕云垂地。初雨歇，洗出碧罗天，正溶溶养花天气。一霎暖风回芳草，荣光浮动，掩皱银塘水。方杏靥匀酥，花鬚吐绣，园林排比红翠。见乳燕捎蝶过繁枝。忽一线炉香逐游丝。昼永人闲，独立斜阳，晚来情味。

便乘兴携将佳丽。深入芳菲里。拨胡琴语，轻拢慢拈总伶俐。看紧约罗裙，急趋檀板，霓裳入破惊鸿起。颦月临眉，醉霞横脸，歌声悠扬云际。任满头红雨落花飞。渐鸱鹊楼西玉蟾低②。尚徘徊、未尽欢意。君看今古悠悠，浮宦人间世。这些百岁，光阴几日，三万六千而已。醉乡路稳不妨行，但人生、要适情耳。

【注释】
①银蒜：银质蒜形帘坠。
②鸱（zhī）鹊楼：指富贵人家的高楼。

浣溪沙（惟见眉间一点黄）

惟见眉间一点黄，诏书催发羽书忙①。从教娇泪洗红妆。
上殿云霄生羽翼，论兵齿颊带风霜。归来衫袖有天香。

【注释】
①羽书：古时征调军队的文书，上插羽毛。

浣溪沙（一别姑苏已四年）

一别姑苏已四年。秋风南浦送归船①。画帘重见水中仙。
霜鬓不须催我老，杏花依旧驻君颜。夜阑相对梦魂间。

【注释】
①南浦：典出《楚辞·九歌》，后世泛指送别之处。

浣溪沙（缥缈红妆照浅溪）

缥缈红妆照浅溪。薄云疏雨不成泥。送君何处古台西。

废沼夜来秋水满，茂林深处晚莺啼。行人肠断草凄迷。

南乡子（凉簟碧纱窗）

自　述

凉簟碧纱窗。一枕清风昼睡余。睡听晚衙无一事，徐徐。读尽床头几卷书。
搔首赋归欤。自觉功名懒更疏。若问使君才与术，何如。占得人间一味愚。

减字木兰花（玉觞无味）

玉觞无味。中有佳人千点泪。学道忘忧。一念还成不自由。
如今未见。归去东园花似霰。一语相开。匹似当初本不来①。

【注释】

①匹似：譬如。

木兰花令（高平四面开雄垒）

高平四面开雄垒①。三月风光初觉媚。园中桃李使君家，城上亭台游客醉。
歌翻杨柳金尊沸。饮散凭阑无限意。云深不见玉关遥，草细山重残照里。

【注释】

①高平：即泗州。

南歌子（山雨潇潇过）

湖州作

山雨潇潇过，溪桥浏浏清。小园幽榭枕苹汀。门外月华如水、彩舟横。
苕岸霜花尽①，江湖雪阵平。两山遥指海门青②。回首水云何处、觅孤城。

【注释】

①苕：苕溪。
②海门：钱塘江两岸有山峰对起，称海门。

🌸 双荷叶（双溪月）

即秦州月

双溪月。清光遍照双荷叶。双荷叶。红心未偶，绿衣偷结①。

背风迎雨流珠滑。轻舟短棹先秋折。先秋折。烟鬟未上②，玉杯微缺。

【注释】

①绿衣：指妾。

②烟鬟：形容秀丽山峰。

🌸 渔家傲（皎皎牵牛河汉女）

七 夕

皎皎牵牛河汉女。盈盈临水无由语。望断碧云空日暮。无寻处。梦回芳草生春浦。

鸟散馀花纷似雨。汀洲苹老香风度。明月多情来照户。但揽取。清光长送人归去。

🌸 虞美人（冰肌自是生来瘦）

冰肌自是生来瘦。那更分飞后。日长帘幕望黄昏。及至黄昏时候、转销魂。

君还知道相思苦。怎忍抛奴去。不辞迢递过关山。只恐别郎容易、见郎难。

🌸 南歌子（寸恨谁云短）

寸恨谁云短，绵绵岂易裁。半年眉绿未曾开①。明月好风闲处、是人猜。

春雨消残冻，温风到冷灰。尊前一曲为谁哉。留取曲终一拍、待君来。

【注释】

①眉绿：深色的眉。

🌸 占春芳（红杏了）

红杏了，夭桃尽①，独自占春芳。不比人间兰麝，自然透骨生香。

对酒莫相忘。似佳人、兼合明光。只忧长笛吹花落,除是宁王[2]。

【注释】
①夭桃:《诗经·桃夭》:桃之夭夭,灼灼其华。
②宁王:为开国受军之王。

❁ 好事近(烟外倚危楼)

烟外倚危楼,初见远灯明灭。却跨玉虹归去、看洞天星月。
当时张范风流在[1],况一尊浮雪[2]。莫问世间何事、与剑头微映[3]。

【注释】
①张范:后汉的一对至交好友,张劭和范式。
②浮雪:白酒。
③剑头微映(xuè):喻微小、无足轻重。

❁ 南乡子(晚景落琼杯)

黄州临皋亭作

晚景落琼杯,照眼云山翠作堆。认得岷峨春雪浪,初来,万顷蒲萄涨渌醅[1]。
春雨暗阳台,乱洒歌楼湿粉腮。一阵东风来卷地,吹回,落照江天一半开。

【注释】
①渌醅(lù pēi):清澈的酒。

❁ 皂罗特髻(采菱拾翠)

采菱拾翠[1],算似此佳名,阿谁消得。采菱拾翠,称使君知客。千金买、采菱拾翠,更罗裙、满把珍珠结。采菱拾翠,正髻鬟初合。
真个、采菱拾翠,但深怜轻拍,一双手、采菱拾翠,绣衾下、抱著俱香滑。采菱拾翠,待到京寻觅。

【注释】
①采菱拾翠:采菱和拾翠是两位歌女的名字。

浣溪沙（风卷珠帘自上钩）

新　秋

风卷珠帘自上钩。萧萧乱叶报新秋。独携纤手上高楼。

缺月向人舒窈窕，三星当户照绸缪。香生雾縠见纤柔①。

【注释】

①雾縠（hú）：细薄如云雾的丝织衣裳。

菩萨蛮（画檐初挂弯弯月）

七夕，黄州朝天门上作，二首

画檐初挂弯弯月。孤光未满先忧缺。遥认玉帘钩。天孙梳洗楼①。

佳人言语好。不顾求新巧。此恨固应知。愿人无别离。

【注释】

①天孙：指织女星。

菩萨蛮（风回仙驭云开扇）

风回仙驭云开扇①。更阑月堕星河转。枕上梦魂惊。晓檐疏雨零。

相逢虽草草。长共天难老。终不羡人间。人间日似年。

【注释】

①仙驭：太阳神驾着车。

水调歌头（昵昵儿女语）

欧阳文忠公尝问余："琴诗何者最善？"答以退之《听颖师琴》诗最善。公曰："此诗最奇丽，然非听琴，乃听琵琶也。"余深然之。建安章质夫家善琵琶者，乞为歌词。余久不作，特取退之词，稍加概括，使就声律，以遗之云。

昵昵儿女语，灯火夜微明。恩冤尔汝来去，弹指泪和声。忽变轩昂勇士，一鼓填然作气①，千里不留行。回首暮云远，飞絮搅青冥。

众禽里，真彩凤，独不鸣。跻攀寸步千险，一落百寻轻。烦子指间风雨，置我肠中冰炭，起坐不能平。推手从归去，无泪与君倾。

【注释】
①𬶠然：鼓声。

🌸 南乡子（霜降水痕收）

重九涵辉楼呈徐君猷

霜降水痕收，浅碧鳞鳞露远洲。酒力渐消风力软，飕飕，破帽多情却恋头。
佳节若为酬①？但把清樽断送秋。万事到头都是梦，休休，明日黄花蝶也愁。

【注释】
①若为酬：如何报答？

🌸 菩萨蛮（翠鬟斜幔云垂耳）

回文春闺怨

翠鬟斜幔云垂耳①。耳垂云幔斜鬟翠。春晚睡昏昏。昏昏睡晚春。
细花梨雪坠。坠雪梨花细。𬬮浅念谁人。人谁念浅𬬮。

【注释】
①幔：遮盖。

🌸 菩萨蛮（柳庭风静人眠昼）

回文夏闺怨

柳庭风静人眠昼。昼眠人静风庭柳。香汗薄衫凉。凉衫薄汗香。
手红冰碗藕。藕碗冰红手。郎笑藕丝长。长丝藕笑郎。

🌸 菩萨蛮（井桐双照新妆冷）

回文秋闺怨

井桐双照新妆冷。冷妆新照双桐井。羞对井花愁。愁花井对羞。

影孤怜夜永。永夜怜孤影。楼上不宜秋。秋宜不上楼。

菩萨蛮（雪花飞暖融香颊）

回文冬闺怨
雪花飞暖融香颊。颊香融暖飞花雪。欺雪任单衣。衣单任雪欺。
别时梅子结。结子梅时别。归不恨开迟。迟开恨不归。

菩萨蛮（落花闲院春衫薄）

回　文
落花闲院春衫薄。薄衫春院闲花落。迟日恨依依。依依恨日迟。
梦回莺舌弄。弄舌莺回梦。邮便问人羞。羞人问便邮。

菩萨蛮（火云凝汗挥珠颗）

夏景回文
火云凝汗挥珠颗。颗珠挥汗凝云火。琼暖碧纱轻。轻纱碧暖琼。
晕腮嫌枕印。印枕嫌腮晕。闲照晚妆残。残妆晚照闲。

菩萨蛮（峤南江浅红梅小）

峤南江浅红梅小。小梅红浅江南峤。窥我向疏篱。篱疏向我窥。
老人行即到。到即行人老。离别惜残枝。枝残惜别离。

满江红（江汉西来）

寄鄂州朱使君寿昌
江汉西来，高楼下、葡萄深碧。犹自带，岷峨云浪，锦江春色。君是南山遗爱守，我为剑外思归客。对此间、风物岂无情，殷勤说。
《江表传》[1]，君休读；狂处士[2]，真堪惜。空洲对鹦鹉[3]，苇花萧瑟。独笑书生争底事，曹公黄祖俱飘忽。愿使君、还赋谪仙诗，追黄鹤。

【注释】
①《江表传》：三国时代的史书。
②狂处士：指祢（mí）衡。
③鹦鹉：祢衡死后埋在汉阳城西南的沙洲上，因他作有《鹦鹉赋》，后人就把这沙洲称为"鹦鹉洲"。

虞美人（定场贺老今何在）

定场贺老今何在①。几度新声改。怨声坐使旧声阑。俗耳只知繁手、不须弹。
断弦拭问谁能晓。七岁文姬小。拭教弹作辊雷声②。应有开元遗老、泪纵横。

【注释】
①定场贺老：定场，画地为演出场地。贺老，唐代天宝时乐师。
②辊（gǔn）雷声：如炸雷般的声调。

定风波（与客携壶上翠微）

重 阳

与客携壶上翠微①。江涵秋影雁初飞。尘世难逢开口笑。年少。菊花须插满头归。
酩酊但酬佳节了。云峤②。登临不用怨斜晖。古往今来谁不老。多少。牛山何必更沾衣③。

【注释】
①翠微：青翠掩映的山腰幽深处。
②云峤（qiáo）：耸入云霄的高山。
③牛山：在今山东淄博市。《晏子春秋》："景公游于牛山，北临其国城而流涕曰：'若何滴滴去此而死乎？'"后人以"牛山叹"、"牛山泪"、"牛山下涕"喻为人生短暂而悲叹。

定风波（两两轻红半晕腮）

十月九日，孟亨之置酒秋香亭，有拒霜独向君猷而开。坐客喜笑，以为非使君莫可当此花，故作是词。

两两轻红半晕腮,依依独为使君回。若道使君无此意,何为,双花不向别人开。但看低昂烟雨里,不已。劝君休诉十分杯。更问尊前狂副使①。来岁。花开时节与谁来。

【注释】
①狂副使:东坡自称狂醉团练副使。

🌸 减字木兰花（云容皓白）

云容皓白。破晓玉英纷似织。风力无端。欲学杨花更耐寒。
相如未老。梁苑犹能陪俊少①。莫惹闲愁。且折江梅上小楼。

【注释】
①相如两句:司马相如没有衰老,在梁苑里还能作奉陪的英俊少年。

🌸 浣溪沙（覆块青青麦未苏）

覆块青青麦未苏,江南云叶暗随车①,临皋烟景世间无。
雨脚半收檐断线,雪床初下瓦跳珠,归来冰颗乱黏须。

【注释】
①云叶:像云一样的枯叶。

🌸 浣溪沙（醉梦醺醺晓未苏）

醉梦醺醺晓未苏,门前辘辘使君车,扶头一盏怎生无①?
废圃寒蔬挑翠羽,小槽春酒滴真珠,清香细细嚼梅须。

【注释】
①扶头:酒名。

🌸 浣溪沙（半夜银山上积苏）

半夜银山上积苏①。朝来九陌带随车。涛江烟渚一时无。
空腹有诗衣有结,湿薪如桂米如珠。冻吟谁伴拈髭须。②

【注释】
①积苏：堆积柴草。
②拈髭（zī）须：用手指拈须。

❀ 水龙吟（小舟横截春江）

阆丘大夫孝终公显尝守黄州，作栖霞楼，为郡中胜绝。元丰五年，余谪居黄。正月十七日，梦扁舟渡江，中流回望，楼中歌乐杂作。舟中人言：公显方会客也。觉而异之，乃作此词。公显时已致仕在苏州。

小舟横截春江，卧看翠壁红楼起。云间笑语，使君高会，佳人半醉。危柱哀弦，艳歌余响，绕云萦水。念故人老大，风流未减，独回首、烟波里。

推枕惘然不见，但空江、月明千里。五湖闻道，扁舟归去，仍携西子①。云梦南州，武昌东岸，昔游应记②。料多情梦里，端来见我，也参差是。

【注释】
①五湖三句：用春秋时范蠡携带西施出走，泛游于太湖一带的故事。
②云梦三句：云梦泽以南的黄州，是在武昌的东岸，往日的游历之事应记着。

❀ 水龙吟（楚山修竹如云）

楚山修竹如云，异材秀出千林表。龙须半剪，凤膺微涨，玉肌匀绕。木落淮南，雨晴云梦，月明风袅。自中郎不见，桓伊去后①，知孤负、秋多少。

闻道岭南太守，后堂深、绿珠娇小。绮窗学弄，梁州初遍，霓裳未了。嚼徵含宫②，泛商流羽，一声云杪。为使君洗尽，蛮风瘴雨，作霜天晓。

【注释】
①中郎：指蔡邕，通经史、音律、天文。桓伊：东晋人，喜音乐，善吹笛。
②徵（zhǐ）：古五音（宫商角徵羽）之一。

❀ 水龙吟（小沟东接长江）

小沟东接长江，柳堤苇岸连云际。烟村潇洒，人闲一哄，渔樵早市。永昼端居，寸阴虚度，了成何事。但丝莼玉藕①，珠粳锦鲤②，相留恋，又经岁。

因念浮丘旧侣，惯瑶池、羽觞沈醉。青鸾歌舞，铢衣摇曳，壶中天地。飘堕人间，步虚声断，露寒风细。抱素琴，独向银蟾影里，此怀难寄。

【注释】
①丝莼（chún）：湖水植物，可做菜。
②珠粳（jīng）：贵重的粳米。

❀ 定风波（好睡慵开莫厌迟）

咏红梅

好睡慵开莫厌迟。自怜冰脸不时宜。偶作小红桃杏色，闲雅，尚馀孤瘦雪霜姿。休把闲心随物态，何事，酒生微晕沁瑶肌。诗老不知梅格在①，吟咏，更看绿叶与青枝。

【注释】
①诗老：指宋仁宗年间诗人石延年，曾做《红梅》诗："认桃无绿叶，辨杏有青枝"。东坡认为这样写红梅只得皮毛，不懂梅的品格。

❀ 阮郎归（暗香浮动月黄昏）

暗香浮动月黄昏。堂前一树春。东风何事入西邻。儿家常闭门。
雪肌冷，玉容真。香腮粉未匀。折花欲寄岭头人。江南日暮云。

❀ 满江红（忧喜相寻）

杨元素《本事曲集》：董毅夫名钺，自梓漕得罪归鄱阳，遇东坡于齐安。怪其丰暇自得。曰：吾再娶柳氏，三日而去官。吾固不戚戚，而忧柳氏不能忘怀于进退也。已而欣然同忧患，如处富贵，吾是以益安焉。乃令家僮歌其所作满江红。东坡嗟叹之，次其韵。

忧喜相寻，风雨过、一江春绿。巫峡梦、至今空有，乱山屏簇。何似伯鸾携德耀①，箪瓢未足清欢足②。渐粲然、光彩照阶庭，生兰玉。
幽梦里，传心曲。肠断处，凭他续。文君婿知否，笑君卑辱。君不见《周南》歌《汉广》②，天教夫子休乔木。便相将、左手抱琴旧，云间宿。

【注释】
①伯鸾：梁鸿；德耀：孟光。两人一起隐居在山中。

②箪（dān）瓢：盛饭和浆水之器。
③《周南》歌《汉广》：《诗经·周南·汉广》："南有乔木，不可休思。"

🌸 南歌子（日薄花房绽）

晚 香

日薄花房绽，风和麦浪轻。夜来微雨洗郊坰①。正是一年春好、迎清明。
已改煎茶水，犹调入粥饧②。使君高会有馀清，此乐无声无味、最难名。

【注释】

①坰（jiōng）：野外。
②饧（táng）：糖的古名。

🌸 西江月（龙焙今年绝品）

龙焙今年绝品，谷帘自古珍泉。雪芽双井散神仙①。苗裔来从北苑。
汤发云腴酽白②，盏浮花乳轻圆。人间谁敢更争妍。斗取红窗粉面。

【注释】

①龙焙（bèi）、谷帘、双井都是茶名。
②酽（yàn）：稠。

🌸 念奴娇（凭高眺远）

中 秋

凭高眺远，见长空万里，云无留迹。桂魄飞来光射处，冷浸一天秋碧。玉宇琼楼，乘鸾来去①，人在清凉国。江山如画，望中烟树历历。
我醉拍手狂歌，举怀邀月，对影成三客。起舞徘徊风露下，今夕不知何夕。便欲乘风，翻然归去，何用骑鹏翼。水晶宫里，一声吹断横笛。

【注释】

①鸾（luán）：鸾鸟。

🌸 醉蓬莱（笑劳生一梦）

笑劳生一梦，羁旅三年，又还重九。华发萧萧，对荒园搔首。赖有多情，好饮无事，似古人贤守。岁岁登高，年年落帽①，物华依旧。

此会应须烂醉，仍把紫菊茱萸，细看重嗅。摇落霜风，有手栽双柳。来岁今朝，为我西顾，酹羽觞江口②。会与州人，饮公遗爱，一江醇酎。

【注释】
①落帽：代指宴饮。
②酹（lèi）：把酒洒在地上或水上以祭神祝福。羽觞：酒器。

浣溪沙（几共查梨到雪霜）

几共查梨到雪霜①。一经题品便生光。木奴何处避雌黄②。
北客有来初未识，南金无价喜新尝。含滋嚼句齿牙香。

【注释】
①查：山楂。
②木奴：橘子古名。

醉翁操（琅然）

琅琊幽谷，山水奇丽，泉鸣空涧，若中音会，醉翁喜之，把酒临听，辄欣然忘归。既去十余年，而好奇之士沈遵闻之往游，以琴写其声，曰《醉翁操》，节奏疏宕而音指华畅，知琴者以为绝伦。然有其声而无其辞。翁虽为作歌，而与琴声不合。又依《楚词》作《醉翁引》，好事者亦倚其辞以制曲。虽粗合韵度而琴声为词所绳约，非天成也。后三十余年，翁既捐馆舍，遵亦没久矣。有庐山玉涧道人崔闲，特妙于琴，恨此曲之无词，乃谱其声，而请于东坡居士以补之云。

琅然，清圆，谁弹，响空山。无言，惟翁醉中知其天。月明风露娟娟，人未眠。荷蒉过山前①，曰有心也哉此贤。

醉翁啸咏，声和流泉。醉翁去后，空有朝吟夜怨。山有时而童颠，水有时而回川。思翁无岁年，翁今为飞仙。此意在人间，试听徽外三两弦②。

【注释】
①荷蒉（hè kuì）：草编的盛器，代指欧阳修。
②徽：系琴的绳。

木兰花令（乌啼鹊噪昏乔木）

与郭生游寒溪。主簿吴亮置酒。郭生喜作挽歌，酒酣发声，坐为凄然。郭生言吾恨无佳词，因为略改乐天《寒食诗》歌之，坐客有泣者。

乌啼鹊噪昏乔木。清明寒食谁家哭？风吹旷野纸钱飞，古墓累累春草绿。
棠梨花映白杨路。尽是死生离别处。冥漠重泉哭不闻①，萧萧暮雨人归去。

【注释】

①冥漠：阴间。重泉：九泉。

瑶池燕（飞花成阵）

飞花成阵。春心困。寸寸。别肠多少愁闷。无人问。偷啼自揾①。残妆粉。
抱瑶琴、寻出新韵。玉纤趁。《南风》来解幽愠②。低云鬟、眉峰敛晕。娇和恨。

【注释】

①揾（wèn）：揩拭。
②《南风》：《礼记·乐记》："昔者舜作五弦之琴，其辞曰：'南风之薰兮，可以解吾民之愠兮。'"

满庭芳（三十三年，今谁存者）

有王长官者，弃官三十三年，黄人谓之王先生。因送陈慥来过余，因赋此。

三十三年，今谁存者，算只君与长江。凛然苍桧，霜干苦难双。闻道司州古县，云溪上、竹坞松窗。江南岸，不因送子，宁肯过吾邦。
淙淙①。疏雨过，风林舞破，烟盖云幢②。愿持此邀君，一饮空缸。居士先生老矣，真梦里、相对残釭。歌舞断，行人未起，船鼓已逢逢③。

【注释】

①淙淙（cóng）：指雨声。
②幢（chuáng）：旗帜。
③逢逢（páng）：鼓声。

好事近（红粉莫悲啼）

送君猷

红粉莫悲啼，俯仰半年离别。看取雪堂坡下，老农夫凄切。

明年春水漾桃花，柳岸舣舟楫。从此满城歌吹，看黄州阗咽①。

【注释】

①阗咽（tián yè）：言人物遍满之貌。

浣溪沙（入袂轻风不破尘）

端 午

入袂轻风不破尘。玉簪犀璧醉佳辰。一番红粉为谁新。

《团扇》只堪题往事①，新丝那解系行人。酒阑滋味思残春。

【注释】

①《团扇》：《团扇歌》，乐府吴声歌曲。

定风波（雨洗娟娟嫩叶光）

雨洗娟娟嫩叶光。风吹细细绿筠香①。秀色乱侵书帙晚。帘卷。清阴微过酒尊凉。

人画竹身肥拥肿。何用。先生落笔胜萧郎②。记得小轩岑寂夜。廊下。月和疏影上东墙。

【注释】

①筠（yún）：青皮竹子。
②萧郎：指白居易《画竹歌》中称赞的萧悦。

西江月（点点楼头细雨）

重 九

点点楼头细雨。重重江外平湖。当年戏马会东徐①。今日凄凉南浦。

莫恨黄花未吐。且教红粉相扶。酒阑不必看茱萸。俯仰人间今古。

【注释】
①当年两句：当年宴会于徐州戏马台，今天可怜地孤居于水乡黄州。

❀ 十拍子（白酒新开九酝）

暮 秋

白酒新开九酝①，黄花已过重阳。身外傥来都似梦，醉里无何即是乡。东坡日月长。

玉粉旋烹茶乳，金齑新捣橙香②。强染霜髭扶翠袖，莫道狂夫不解狂。狂夫老更狂。

【注释】
①九酝（yùn）：重酿的美酒。
②齑（jī）：碎菜。

❀ 临江仙（冬夜夜寒冰合井）

冬夜夜寒冰合井，画堂明月侵帏。青缸明灭照悲啼①。青缸挑欲尽，粉泪裛还垂②。

未尽一尊先掩泪，歌声半带清悲。情声两尽莫相违。欲知肠断处，梁上暗尘飞。

【注释】
①青缸：青色的灯光。
②裛（yì）：沾湿。

❀ 临江仙（诗句端来磨我钝）

诗句端来磨我钝，钝锥不解生铓①。欢颜为我解冰霜。酒阑清梦觉，春草满池塘。

应念雪堂坡下老，昔年共采芸香。功成名遂早还乡。回车来过我②，乔木拥千章。

【注释】
①铓（máng）：指锥、针一类的尖端。

②回车：即回车院，临皋古名。

浣溪沙（炙手无人傍屋头）

炙手无人傍屋头，萧萧晚雨脱梧楸。谁怜季子敝貂裘①。
顾我已无当世望，似君须向古人求。岁寒松柏肯惊秋。

【注释】

①季子敝貂裘：用苏秦穿破貂皮衣的典故，比喻自己的劳顿和狼狈。

减字木兰花（神闲意定）

琴

神闲意定。万籁收声天地静。玉指冰弦。未动宫商意已传。
悲风流水。写出寥寥千古意。归去无眠。一夜余音在耳边。

浣溪沙（徐邈能中酒圣贤）

感 旧

徐邈能中酒圣贤①。刘伶席地幕青天②。潘郎白璧为谁连③。
无可奈何新白发，不如归去旧青山。恨无人借买山钱。

【注释】

①徐邈：三国魏人。曹操严禁饮酒。徐邈身为尚书郎，私自饮酒，违犯禁令。当下属问询官署事务时，他竟说""中圣人"，意思是自己饮中了酒。因当时人讳说酒字，把清酒叫圣人，浊酒叫贤人。后世遂以"中圣人"或"中圣"指饮酒而醉。
②刘伶：魏晋之际的名士，著《酒德颂》云："居无室庐，幕天席地。"
③潘郎句：夏侯湛死后，潘岳和谁合称"白璧"？

渔父（渔父饮）

渔父饮，谁家去。鱼蟹一时分付。酒无多少醉为期，彼此不论钱数。

🌸 渔父（渔父醉）

渔父醉，蓑衣舞。醉里却寻归路。轻舟短棹任斜横，醒后不知何处。

🌸 渔父（渔父醒）

渔父醒，春江午。梦断落花飞絮。酒醒还醉醉还醒，一笑人间今古。

🌸 渔父（渔父笑）

渔父笑，轻鸥举。漠漠一江风雨。江边骑马是官人，借我孤舟南渡。

🌸 调笑令（渔父）

渔父。渔父。江上微风细雨。青蓑黄箬裳衣。红酒白鱼暮归。归暮。归暮。长笛一声何处。

🌸 调笑令（归雁）

归雁。归雁。饮啄江南南岸。将飞却下盘桓。塞外春来苦寒。寒苦。寒苦。藻荇欲生且住。

🌸 减字木兰花（江南游女）

江南游女，问我何年归得去。雨细风微，两足如霜挽纻衣①。
江亭夜语。喜见京华新样舞。莲步轻飞。迁客今朝始是归。

【注释】
① 纻（zhù）衣：麻衣。

阮郎归（绿槐高柳咽新蝉）

初 夏

绿槐高柳咽新蝉①，薰风初入弦。碧纱窗下水沉烟，棋声惊昼眠。
微雨过，小荷翻，榴花开欲然。玉盆纤手弄清泉，琼珠碎却圆。

【注释】
①咽（yè）：声塞，这里指停息。

西江月（别梦已随流水）

姑苏再见胜之

别梦已随流水，泪巾犹裛香泉①。相如依旧是臞仙②。人在瑶台阆苑。
花雾萦风缥缈，歌珠滴水清圆。蛾眉新作十分妍。走马归来便面③。

【注释】
①裛（yì）：香气熏染。
②臞（qú）仙：身体消瘦而精神抖擞的老人。
③走马句：骑马回来时还半遮着脸。

渔家傲（千古龙蟠并虎踞）

金陵赏心亭送王胜之龙图。王守金陵，视事一日移南都①。
千古龙蟠并虎踞。从公一吊兴亡处。渺渺斜风吹细雨。芳草渡。江南父老留公住。
公驾飞车凌彩雾。红鸾骖乘青鸾驭。却讶此洲名白鹭。非吾侣。翩然欲下还飞去。

【注释】
①南都：即南郡，归德府，现今河南省商丘市，与东都开封、西都洛阳、北都大名齐名。

临江仙（昨夜渡江何处宿）

昨夜渡江何处宿，望中疑是秦淮。月明谁起笛中哀。多情王谢女，相逐过江来。

云雨未成还又散,思量好事难谐。凭陵急桨两相催。想伊归去后,应似我情怀。

南歌子(欲执河梁手)

欲执河梁手①,还升月旦堂②。酒阑人散月侵廊。北客明朝归去、雁南翔。
窈窕高明玉,风流郑季庄③。一时分散水云乡。惟有落花芳草、断人肠。

【注释】

①河梁:指分别之地。
②月旦:月旦评的省称,指点评人物。
③高明玉:高莹。郑季庄:郑容。高莹与郑容都是南徐的名妓。

南歌子(见说东园好)

见说东园好,能消北客愁。虽非吾土且登楼。行尽江南南岸、此淹留。
短日明枫缬①,清霜暗菊球。流年回首付东流。凭仗挽回潘鬓、莫教秋②。

【注释】

①缬(xié):染有彩纹的丝织品。
②潘鬓:潘岳那样的鬓发。

浣溪沙(一梦江湖费五年)

一梦江湖费五年。归来风物故依然。相逢一醉是前缘。
迁客不应常眊矂①,使君为出小婵娟②。翠鬟聊著小诗缠③。

【注释】

①眊矂(mào sào):因失意而烦恼。
②小婵娟:即歌女。
③诗缠:民间演唱的小节目,如缠令。

虞美人(波声拍枕长淮晓)

波声拍枕长淮晓,隙月窥人小。无情汴水自东流,只载一船离恨向西州。

竹溪花浦曾同醉，酒味多于泪。谁教风鉴在尘埃①？酿造一场烦恼送人来！

【注释】
①风鉴：风度、见识。在尘埃：引申为埋没之意。

行香子（北望平川）

与泗守过南山晚归作

北望平川。野水荒湾。共寻春、飞步屡颜①。和风弄袖，香雾萦鬟。正酒酣时，人语笑，白云间。

飞鸿落照，相将归去，淡娟娟②、玉宇清闲。何人无事，宴坐空山。望长桥上，灯火乱，使君还。

【注释】
①屡颜：山高峻的样子。
②淡娟娟：淡然恬静的月亮。

满庭芳（三十三年，漂流江海）

余年十七始与刘仲达往来于眉山。今年四十九，相逢于泗上。淮水浅冻久留郡中。晦日同游南山，话旧感叹因作《满庭芳》云。

三十三年，飘流江海，万里烟浪云帆。故人惊怪，憔悴老青衫。我自疏狂异趣，君何事、奔走尘凡。流年尽，穷途坐守，船尾冻相衔。

巉巉①。淮浦外，层楼翠壁，古寺空岩。步携手林间，笑挽扦扦。莫上孤峰尽处，萦望眼、云海相搀。家何在，因君问我，归步绕松衫。

【注释】
①巉巉（chán）：山石高峻的样子。

南乡子（千骑试春游）

宿州上元

千骑试春游，小雨如酥落便收。能使江东归老客，迟留。白酒无声滑泻油。

飞火乱星球，浅黛横波翠欲流。不似白云乡外冷，温柔。此去淮南第一州。

满庭芳（归去来兮，清溪无底）

余谪居黄州五年，将赴临汝，作满庭芳一篇别黄人。既至南都，蒙恩放归阳羡，复作一篇。

归去来兮，清溪无底，上有千仞嵯峨。画楼东畔，天远夕阳多。老去君恩未报，空回首、弹铗悲歌。船头转，长风万里，归马驻平坡。

无何。何处有，银潢尽处，天女停梭。问何事人间，久戏风波。顾谓同来稚子，应烂汝、腰下长柯①。青衫破，群仙笑我，千缕挂烟蓑。

【注释】

①烂柯：语出《述异记》："信安郡石室山，晋时王质伐木至，见童子数人棋而歌，质因听之。童子以一物与质，如枣核，质含之而不觉饥。俄顷，童子谓曰：'何不去？'质起视，斧柯尽烂。既归，无复时人。"

菩萨蛮（买田阳羡吾将老）

买田阳羡吾将老①。从来只为溪山好。来往一虚舟。聊随物外游。
有书仍懒著。水调歌归去。筋力不辞诗。要须风雨时。

【注释】

①阳羡：今江苏宜兴县。

蝶恋花（云水萦回溪上路）

述 怀

云水萦回溪上路。叠叠青山，环绕溪东注。月白沙汀翘宿鹭。更无一点尘来处。
溪叟相看私自语。底事区区，苦要为官去。尊酒不空田百亩。归来分得闲中趣。

定风波（常羡人间琢玉郎）

南海归赠王定国侍人寓娘

常羡人间琢玉郎①，天教分付点酥娘②。自作清歌传皓齿，风起，雪飞炎海变清凉。

万里归来年愈少,微笑,笑时犹带岭梅香。试问岭南应不好?却道,此心安处是吾乡。

【注释】
①琢玉:形容姿容俊美犹如玉琢而成。
②点酥:形容肌肤洁白、细柔滑腻如凝酥一般。

如梦令(为向东坡传语)

为向东坡传语,人在玉堂深处。别后有谁来?雪压小桥无路。归去,归去,江上一犁春雨。①

【注释】
①一犁:形容春雨的深度。

如梦令(手种堂前桃李)

手种堂前桃李。无限绿阴青子。帘外百舌儿,惊起五更春睡。居士。居士。莫望小桥流水。

南歌子(苒苒中秋过)

苒苒中秋过,萧萧两鬓华。寓身化世一尘沙。笑看潮来潮去、了生涯。
方士三山路①,渔人一叶家②。早知身世两聱牙。好伴骑鲸公子③、赋雄夸。

【注释】
①三山:蓬莱、方丈、瀛洲。
②一叶家:以一叶扁舟为家。
③骑鲸公子:俗传李白醉骑鲸鱼,溺死浔阳。

蝶恋花(一颗樱桃樊素口)

一颗樱桃樊素口①。不爱黄金,只爱人长久。学画鸦儿犹未就。眉尖已作伤春皱。

扑蝶西园随伴走。花落花开，渐解相思瘦。破镜重圆人在否。章台折尽青青柳。

【注释】
①樊素：白居易家的歌妓。后世以"樊口"借指善歌艺妓的歌喉。

❀ 浣溪沙（珠桧丝杉冷欲霜）

珠桧丝杉冷欲霜。山城歌舞助凄凉。且餐山色饮湖光。
共挽朱幡留半日①，强揉青蕊作重阳②。不知明日为谁黄。

【注释】
①朱幡：两边装有红色遮幛的车。
②青蕊：甘菊花。

❀ 减字木兰花（双龙对起）

钱塘西湖有诗僧清顺，所居藏春坞，门前有二古松，各有凌霄花络其上，顺常昼卧其下。余为郡，一日屏骑从过之，松风骚然，顺指落花求韵，余为赋此。
双龙对起，白甲苍髯烟雨里。疏影微香，下有幽人昼梦长。
湖风清软，双鹊飞来争噪晚。翠飐红轻①，时下凌霄百尺英。

【注释】
①飐（zhǎn）：风吹物使之颤动。

❀ 南歌子（山与歌眉敛）

游 赏

山与歌眉敛，波同醉眼流。游人都上十三楼。不羡竹西歌吹古扬州。
菰黍连昌歜①，琼彝倒玉舟②。谁家水调唱歌头。声绕碧山飞去晚云留。

【注释】
①菰（gū）黍：即粽子。昌歜（chù）：即菖蒲。
②琼彝玉舟：用美玉制成的酒尊。

🌸 好事近（湖上雨晴时）

湖上雨晴时，秋水半篙初没。朱槛俯窥寒鉴，照衰颜华发。
醉中吹坠白纶巾，溪风漾流月。独棹小舟归去，任烟波飘兀。

🌸 临江仙（一别都门三改火）

送钱穆父

一别都门三改火，天涯踏尽红尘。依然一笑作春温。无波真古井，有节是秋筠①。
惆怅孤帆连夜发，送行淡月微云。尊前不用翠眉颦。人生如逆旅，我亦是行人。

【注释】
①秋筠：秋天的竹子。

🌸 西江月（昨夜扁舟京口）

送 别

昨夜扁舟京口，今朝马首长安。旧官何物与新官。只有湖山公案。
此景百年几变，个中下语千难。使君才气卷波澜。与把新诗判断。

🌸 虞美人（归心正似三春草）

归心正似三春草。拭著莱衣小①。橘怀几日向翁开。怀祖已瞋文度②、不归来。
禅心已断人间爱。只有平交在。笑论瓜葛一枰同。看取灵光新赋、有家风。

【注释】
①莱衣小：像古代老莱子娱亲一般，穿着小孩子衣服讨父母欢心。
②怀祖已瞋文度：用晋代王怀祖、王文度的故事比喻父子情深。

🌸 减字木兰花（春光亭下）

春光亭下。流水如今何在也。岁月如梭。白首相看拟奈何。

故人重见。世事年来千万变。官况阑珊。惭愧青松守岁寒。

❀ 临江仙(尊酒何人怀李白)

夜到扬州席上作

尊酒何人怀李白,草堂遥指江东。珠帘十里卷香风。花开又花谢,离恨几千重。轻舸渡江连夜到,一时惊笑衰容。语音犹自带吴侬①。夜阑对酒处,依旧梦魂中。

【注释】
①吴侬:指吴地口音。

❀ 木兰花令(霜余已失长淮阔)

次欧公西湖韵

霜余已失长淮阔。空听潺潺清颍咽。佳人犹唱醉翁词,四十三年如电抹。草头秋露流珠滑。三五盈盈还二八①。与余同是识翁人,惟有西湖波底月。

【注释】
①三五:指十五日。二八:指十六日。

❀ 满江红(清颍东流)

怀子由作

清颍东流,愁目断、孤帆明灭。宦游处、青山白浪,万重千叠。孤负当年林下意,对床夜雨听萧瑟。恨此生、长向别离中,添华发。
一尊酒,黄河侧。无限事,从头说。相看恍如昨,许多年月。衣上旧痕馀苦泪,眉间喜气添黄色①。便与君、池上觅残春,花如雪。

【注释】
①眉间有黄色,是有喜庆的征兆。

❀ 江城子(墨云拖雨过西楼)

墨云拖雨过西楼。水东流,晚烟收。柳外残阳,回照动帘钩。今夜巫山真个好,花未落,酒新篘①。

美人微笑转星眸。月华羞,捧金瓯。歌扇萦风,吹散一春愁。试问江南诸伴侣,谁似我,醉扬州。

【注释】
①篘(chōu):用薄竹片编制的滤酒器。

❀ 青玉案(三年枕上吴中路)

送伯固归吴中
三年枕上吴中路,遣黄犬、随君去。若到松江呼小渡。莫惊鸳鹭,四桥尽是,老子经行处。

辋川图上看春暮①,常记高人右丞句②。作个归期天已许。春衫犹是,小蛮针线③,曾湿西湖雨。

【注释】
①辋川图:王维所画图。
②右丞:指王维。
③小蛮:唐代歌妓名。

❀ 渔家傲(临水纵横回晚鞚)

临水纵横回晚鞚①。归来转觉情怀动。梅笛烟中闻几弄。秋阴重。西山雪淡云凝冻。

美酒一杯谁与共。尊前舞雪狂歌送。腰跨金鱼旌旆拥。将何用。只堪妆点浮生梦。

【注释】
①鞚(kòng):有嚼口的马络头。

❀ 归朝欢(我梦扁舟浮震泽)

和苏坚伯固
我梦扁舟浮震泽。雪浪摇空千顷白。觉来满眼是庐山,倚天无数开青壁。此生长接浙。与君同是江南客。梦中游，觉来清赏，同作飞梭掷。

明日西风还挂席。唱我新词泪沾臆。灵均去后楚山空①，沣阳兰芷无颜色。君才如梦得。武陵更在西南极。竹枝词，莫摇新唱②，谁谓古今隔。

【注释】
①灵均：屈原。
②莫摇：古少数民族名。

木兰花令（梧桐叶上三更雨）

宿造口闻夜雨寄子由、才叔

梧桐叶上三更雨。惊破梦魂无觅处。夜凉枕簟已知秋，更听寒蛩促机杼①。
梦中历历来时路。犹在江亭醉歌舞。尊前必有问君人，为道别来心与绪。

【注释】
①寒蛩（qióng）：蟋蟀。

行香子（昨夜霜风）

秋 与

昨夜霜风。先入梧桐。浑无处、回避衰容。问公何事，不语书空。但一回醉，一回病，一回慵。
朝来庭下，光阴如箭，似无言、有意伤侬①。都将万事，付与千锺。任酒花白，眼花乱，烛花红。

【注释】
①侬：我。

西江月（马趁香微路远）

咏 梅

马趁香微路远，沙笼月淡烟斜。渡波清彻映妍华。倒绿枝寒凤挂。
挂凤寒枝绿倒，华妍映彻清波。渡斜烟淡月笼沙。远路微香趁马。

西江月(玉骨那愁瘴雾)

梅 花

玉骨那愁瘴雾,冰姿自有仙风。海仙时遣探芳丛。倒挂绿毛么凤①。
素面翻嫌粉涴②,洗妆不褪唇红。高情已逐晓云空。不与梨花同梦。

【注释】
①绿毛么凤:岭南珍禽。
②涴(wò):污染。

浣溪沙(道字娇讹苦未成)

春 情

道字娇讹苦未成①。未应春阁梦多情。朝来何事绿鬟倾。
彩索身轻长趁燕②,红窗睡重不闻莺。困人天气近清明。

【注释】
①道字娇讹:发出带孩子气、有讹误的字音。
②彩索:秋千。

减字木兰花(春牛春杖)

立 春

春牛春杖①,无限春风来海上。便与春工,染得桃红似肉红。
春幡春胜②,一阵春风吹酒醒。不似天涯,卷起杨花似雪花。

【注释】
①春牛春杖:春牛指土牛,春杖指耕民手持犁杖侍立。
②春幡春胜:春幡是一种旗帜。春胜:古时习俗,剪纸以迎春。

鹧鸪天(笑捻红梅䚖翠翘)

陈公密出侍儿素娘,歌紫玉箫曲,劝老人酒。老人饮尽因为赋此词。
笑捻红梅䚖翠翘①。扬州十里最娇饶。夜来绮席亲曾见,撮得精神滴滴娇。

娇后眼，舞时腰。刘郎几度欲魂消。明朝酒醒知何处，肠断云间紫玉箫。

【注释】
①軃（duǒ）：下垂。翠翘：翠鸟羽毛般的首饰。

临江仙（谁道东阳都瘦损）

谁道东阳都瘦损①，凝然点漆精神②。瑶林终自隔风尘。试看披鹤氅，仍是谪仙人。省可清言挥玉尘，真须保器全真。风流何似道家纯。不应同蜀客，惟爱卓文君。

【注释】
①东阳：沈约。
②点漆：用黑漆点睛。

上架建议：诗词鉴赏

ISBN 978-7-5021-9040-8

定价：28.80元